LEONARDO BOFF

A CASA COMUM, A ESPIRITUALIDADE, O AMOR

LEONARDO BOFF

A CASA COMUM,
A ESPIRITUALIDADE,
O AMOR

Dados Internacionais de Catalogação na Publicação (CIP)
(Câmara Brasileira do Livro, SP, Brasil)

Boff, Leonardo
A casa comum, a espiritualidade, o amor / Leonardo Boff. – São Paulo : Editora Paulinas, 2017. – (Coleção re-colher)

ISBN: 978-85-356-4287-2

1. Deus (Cristianismo) - Amor - Meditações 2. Ecologia humana 3. Espiritualidade 4. Terra (Planeta) - Origem 5. Universo I. Título II. Série.

17-02500   CDD-261.55

Índice para catálogo sistemático:
1. Universo : Deus : Criação : Cristianismo   261.55

1ª edição – 2017

Direção-geral: Bernadete Boff
Editores responsáveis: Vera Ivanise Bombonatto e João Décio Passos
Copidesque: Mônica Elaine G. S. da Costa
Coordenação de revisão: Marina Mendonça
Revisão: Sandra Sinzato
Gerente de produção: Felício Calegaro Neto
Projeto gráfico: Jéssica Diniz Souza

Nenhuma parte desta obra poderá ser reproduzida ou transmitida por qualquer forma e/ou quaisquer meios (eletrônico ou mecânico, incluindo fotocópia e gravação) ou arquivada em qualquer sistema ou banco de dados sem permissão escrita da Editora. Direitos reservados.

Paulinas
Rua Dona Inácia Uchoa, 62
04110-020 – São Paulo – SP (Brasil)
Tel.: (11) 2125-3500
http://www.paulinas.org.br – editora@paulinas.com.br
Telemarketing e SAC: 0800-7010081

© Pia Sociedade Filhas de São Paulo – São Paulo, 2017

Sumário

INTRODUÇÃO 7

DEUS 9

O UNIVERSO 17

A TERRA 29

O SER HUMANO 43

A ECOLOGIA 61

A ESPIRITUALIDADE 77

O CORAÇÃO 95

Sumário

Introdução

Há momentos na vida em que temos de parar e colocar as perguntas que sempre povoam nossa mente: para onde caminha o universo sobre nossas cabeças? Qual será o destino de nossa Mãe Terra, a única Casa Comum que temos e que estamos devastando? Qual o sentido de minha vida neste curto lapso de tempo que me é dado viver neste mundo? Como vai a minha vida interior, os interesses e os valores não materiais que dão um especial colorido a minha existência? Coloco coração em todas as coisas que faço? Dá para saber alguma coisa sobre Deus? Finalmente, que quis Jesus Cristo quando andou entre nós? Que posso esperar depois desta vida?

Os pequenos tópicos do presente livro abordam estas questões numa linguagem por todos compreensível. Por detrás deles há bastante estudo e acúmulo de conhecimentos de mais de cinquenta anos de reflexão. Os temas são detalhados em inúmeros livros que escrevi e que ajudam no aprofundamento destas questões, muitas delas complexas.

Mas nada disso, porém, conta, se estes textos não levarem o leitor e a leitora a pensarem com a própria cabeça e apoiados em suas experiências.

Que estes pequenos tópicos possam estabelecer um diálogo crítico e fecundo com sua mente e com seu coração.

Aprendamos a lição das pedras. Quando friccionadas, produzem faíscas e, das faíscas, fogo. O fogo, por sua vez, gera luz e calor. Que a luz nos mostre um caminho a seguir e que o calor nos confira um sentido maior às nossas vidas.

Leonardo Boff
Festa dos Reis Magos de 2017.

I
Deus

1. Como Deus emerge no processo de evolução

Como emerge Deus no processo da evolução? O que podemos sensatamente dizer é: antes do *big bang*, há 13,7 bilhões de anos, do qual tudo se originou, nada existia do que hoje existe. Imperava o Incognoscível e vigorava o Mistério. Sobre o Mistério e o Incognoscível, por definição, não se pode dizer literalmente nada. Por sua natureza, eles são antes das palavras, das energias, da matéria, do espaço e do tempo.

Ora, o Mistério e o Incognoscível são precisamente os nomes que as religiões e também o Cristianismo usam para significar aquilo que chamamos, sob muitos outros nomes, de Deus. Diante dele mais vale o silêncio que a palavra. Não obstante, ele pode ser percebido pela razão reverente e sentido pelo coração sensível como uma Presença que enche o universo e faz surgir em nós o sentimento de grandeza, de majestade, de respeito e de veneração.

Colocados entre o céu e a terra, vendo as miríades de estrelas, retemos a respiração e nos enchemos de reverência. Naturalmente nos surgem as perguntas: Quem fez tudo isso? Quem se esconde atrás da Via Láctea?

Quase espontaneamente dizemos: foi uma Inteligência suprema, foi uma Realidade inconcebível; numa palavra, foi Deus quem colocou tudo em marcha. É ele a Fonte Originária de todos os seres e o Abismo Alimentador e Sustentador de tudo e de nossa própria existência.

Ele é um Mistério, não aterrador, mas fascinante, onipresente e amoroso.

2. Deus, primeiro no cosmos, depois no ser humano

Deus não está fora do incomensurável processo de evolução em curso já há 13,7 bilhões de anos. Ele pervaga todo o processo, atravessa-o e também vai além dele, pois nada pode conter Deus.

Deus emergiu em nossa consciência porque estava antes no universo. Coerentemente então devemos dizer:

ele pertence primeiramente ao universo, irrompeu em seguida na nossa galáxia, depois se configurou em nosso sistema solar, fez-se presente no planeta Terra e finalmente foi conscientizado no ser humano, homem e mulher.

O portador originário da presença de Deus é o universo e o sujeito concreto que o expressa diretamente é o ser humano, parte do universo no qual a consciência irrompeu e com ela se elaborou a linguagem.

Somos a porção da Terra que sente, reflete e ama. A nossa consciência é, fundamentalmente, a consciência da Terra e do próprio cosmos, porque a Terra é parte dele.

Pela consciência podemos reconhecer Deus, louvar, agradecer e brincar diante dele como as crianças brincam diante de seus pais. O universo é o teatro de sua glória. E nós os atores que o representam em suas infinitas qualidades.

3. A Inteligência que tudo ordena

Assim como a célula constitui parte de um órgão e cada órgão, parte de um organismo, também cada ser vivo é parte de um ecossistema e cada ecossistema é parte do sistema Terra, que é parte do sistema Sol, que é parte do sistema Via Láctea, que é parte do sistema Cosmos.

Todos estes sistemas revelam-se sempre interconectados e extremamente complexos, de modo particular o sistema Terra. Eles suscitam grandes indagações que desafiam a nossa razão.

Somente uma Inteligência ordenadora seria capaz de calibrar todos estes fatores que os mantêm conectados uns aos outros e em equilíbrio dinâmico.

Reconhecer tal fato é um ato de razão e não significa renúncia à nossa própria razão. Ao contrário, significa sim render-se humildemente a uma Inteligência mais sábia e soberana que a nossa. Deus pode ser aquilo que não podemos com a nossa inteligência entender.

Quando assumimos esta atitude de limitação e de humildade, descobrimos que nossa razão e nossa inteligência se encontram dentro desta suprema Inteligência, e são dela um esplêndido reflexo.

Nossa inteligência é reflexo da Inteligência divina. Reconhecê-lo é sua suprema dignidade. É a maior reverência ao Criador.

A sabedoria oriental o expressava da seguinte forma: "A Energia que faz a inteligência pensar não pode ser pensada". É ela que possibilita o pensamento.

Assim é Deus. Ele está presente em tudo o que pensamos e fazemos, sem nos darmos conta de sua presença.

Mas sem essa presença nada existe e acontece daquilo que existe e acontece.

4. Que são essas quatro misteriosas energias?

Há quatro forças imutáveis, ordenadoras de todo o movimento universal, do processo da evolução e de nosso próprio equilíbrio vital: a força gravitacional (que atrai todos os seres), a força eletromagnética (responsável pelas combinações químicas) e a força nuclear forte (que mantém os elementos primordiais ao redor do núcleo do átomo) e a fraca (que responde pelo lento decaimento da radiação nuclear). Que são elas?

Não o sabemos, pois precisamos delas para perguntar sobre elas. A ciência se cala reverente. Mas a razão cordial suspeita e ousa crer que se encontra aí a presença da Energia Primordial, do Grande Espírito e do Deus Criador em permanente atividade.

Elas expressam, cada uma do seu modo, a Majestade, a Sabedoria e o Amor de Deus no Todo e em cada uma de suas partes. Estas energias sempre atuam juntas e conjugadas, fazendo que do caos surja o cosmos, do turbilhão, a bonança, da matéria complexa, a vida, e da morte, a vida sempiterna.

Elas são semelhantes ao mistério da Santíssima Trindade: as três divinas Pessoas, Pai, Filho e Espírito Santo, cada uma, a sua maneira, atua na criação e na manutenção do universo, de cada coisa e de cada pessoa humana. Semelhantemente essas energias misteriosas atuam de forma articulada e inclusiva, fazendo do universo um teatro de glória do Criador de todas as coisas.

Há os que afirmam serem elas a inteligência do universo, pois são elas responsáveis pela emergência de todos os seres e de todos os eventos. Elas tudo ordenam e continuamente transformam o caos em cosmos, a desordem em ordem e mantêm a rede de relação de todos com todos, fora da qual nada subsiste.

5. O Deus dos três lados

A pessoa humana, para ser plenamente humana, precisa relacionar-se pelos seus três lados: para cima, para fora e para dentro.

Eis que a Trindade Santa nos vem ao encontro:
- O "para cima" é o Pai de onde todos viemos e para cujo seio retornamos.
- O "para fora" é o Filho que se fez nosso irmão e caminha conosco, fazendo-se companheiro de caminhada dos jovens de Emaús, bom Samaritano que socorreu

o assaltado e abandonado à beira da estrada e Simão Cireneu que ajudou Jesus a carregar a cruz para o Calvário. Ele em nenhum momento e em nenhuma circunstância da vida nos deixa ficar sós.

- E o "para dentro" é o Espírito Santo, que é o entusiasmo que nos faz viver, a inspiração que nos suscita sonhos de novos mundos, a interioridade que nos dá o sentido de dignidade, a força que fortalece o fraco, a coragem que levanta o caído, a luz secreta que exorciza a escuridão de nosso caminho e que aquece o nosso coração para nunca desanimarmos.

6. O Deus dos perdidos

Jesus revelou-nos uma imagem que ainda não foi suficientemente incorporada pelos cristãos: que Deus é principalmente o Deus dos perdidos, dos considerados pecadores, daqueles que não são para a sociedade organizada.

O Evangelho como boa notícia de libertação é destinado principalmente a eles. "O que o mundo julga fraco, Deus escolheu para confundir os fortes; e o desprezível e o abjeto aos olhos do mundo, o que não é, Deus escolheu para destruir o que é" (1Cor 1,28). Essa contradição é a sabedoria da cruz redentora, que confunde a sabedoria ilusória humana.

Jesus mesmo foi contado entre estes condenados. Foi considerado "o refugo da humanidade", "pessoa de quem se desvia o rosto por tão desprezível que era" (Is 53,3).

Maior solidariedade para com os condenados deste mundo não se pode imaginar. Por isso, por piores que nos sintamos, não temos nenhuma razão de nos considerarmos rejeitados por Deus, porque ele nunca nos rejeita. Ele bem disse "que conhece nossa natureza e se lembra de que somos pó" (Sl 103,14) e "se alguém vem a mim eu não o mandarei embora" (Jo 6,37).

Viver a partir desta convicção é sentir-se amado e amparado. Implica relativizar todas as discriminações que perturbam nossa vida, e, leves, podemos nos sentir no coração de Deus e andando pelo mundo como quem está na palma de sua mão.

Poderá haver maior segurança e consolo que saber e sentir isso tudo?

II
O universo

1. O mistério do mundo

Depois do mistério do Deus trino, Pai, Filho e Espírito Santo, o maior mistério é a existência do mundo. Por que ele existe? Não poderia a Trindade Santíssima coexistir só ela, no seu mistério, e as divinas Pessoas entrelaçarem-se amorosamente? Por que existe algo fora do Deus-Trindade?

Não poderia haver o nada em vez do ser? E, contudo, existe o ser junto e com o Ser supremo. O que isso pode significar? Talvez somente a oração nos traga alguma compreensão.

Deus de amor e fonte de toda compreensão, abri-nos a inteligência para vislumbrar e aquecer o coração para sentir a vossa grande obra que é a criação. Sabemos que sois um mistério de extravasamento de amor e de relacionamento sem limites. Quisestes criar companheiros e companheiras no vosso amor. Criastes um espelho no qual as três divinas Pessoas pudessem se ver, como que de fora. O espelho é o inteiro universo, somos cada um de nós. Por isso, somos "imagem e semelhança de Deus" e o inteiro universo é um incomensurável sacramento de vossa presença.

Como disse o místico medieval Mestre Eckhart: "Se não existisse o mundo, jamais poderíamos conhecer a Deus". O mundo é qual escada de Jacó pela qual o ser humano sobe e desce, descobrindo dimensões diferentes e novas do Criador.

2. Como surgiu o universo

Tentemos, reverentemente, tirar o véu que encobre a Fonte de onde tudo se origina. De um fundo inominável de energia, num mar sem limites, irrompeu um ponto minúsculo, milhões de vezes menor que a cabeça de um alfinete, dotado de bilhões de graus centígrados de calor.

Tudo o que no futuro irá emergir, está potencialmente lá dentro: energias primordiais, matéria e informações. Nós todos, homens e mulheres, junto com as galáxias, as estrelas, os planetas, as luas, os demais corpos celestes e seres existentes na Terra, as florestas, os rios, os animais, lá estávamos coexistindo quais sementes nos relacionando e nos amando.

Mas primeiramente estávamos no coração amoroso de Deus que nos pensou, amou e nos projetou para dentro do processo da evolução.

De repente, sem sabermos como e por quê, aquele ponto mínimo explodiu. Foi uma explosão inimaginável ocorrida há bilhões de anos. Explosão silenciosa porque não havia ainda espaço nem tempo para fazer-se ouvir.

Mas se manifesta na forma de uma finíssima e persistente vibração. É uma onda energética ínfima que se expande em todas as direções. Hoje ainda, de qualquer parte do universo, se pode captar esta vibração, último eco daquela explosão primordial.

Tomando como referência a galáxia mais distante que se afasta de nós quase à velocidade da luz, os cientistas deduziram que tal explosão (*big bang*) teria ocorrido há 13,7 bilhões de anos.

Foi assim que tudo surgiu. E continua se expandindo, se auto-organizando e autocriando numa direção que termina no mistério.

Essa foi e é a nossa origem. Essa é também a nossa idade: 13,7 bilhões de anos.

3. O que havia antes do antes?

O que havia antes daquela incomensurável explosão chamada de *big bang*? Os estudiosos da história do universo, os cosmólogos, nos sugerem que havia o Vácuo Quântico, a Energia de Fundo do universo, origem de tudo o que existe. Mas esse Vácuo é tudo menos vácuo, pois é o recipiente de todas as possibilidades e da emergência de tudo o que existe e pode existir.

Por isso, outros o chamam de "Abismo alimentador de todo o ser". Condensação dele seria aquele ponto mínimo que explodiu, dando origem ao nosso universo e talvez a outros eventuais mundos paralelos, consoante a teoria científica das cordas.

Em 1965, cientistas captaram um ruído de fundo que vinha de todas as partes do universo. Foi interpretado como o último eco daquela explosão primordial.

Que havia antes daquele ponto que explodiu? Antes do *big bang* não havia nada daquilo que hoje existe. Caso houvesse, caberia a pergunta: de onde veio? Do nada não vem nada. Se de repente começou a aparecer alguma coisa ou uma energia primordial, é sinal de que Alguém as tirou do nada. Que havia antes do antes? Fala-se do muro de Planck, aquele limite de trilionésimos de segundos depois do *big bang*. Esse muro nos impede de olhar para o outro lado porque chegamos sempre depois e atrasados.

É por esta razão que podemos honradamente afirmar: antes do antes havia o Incognoscível, o Impenetrável, o Mistério. Ora, os nomes que as religiões atribuem àquilo que chamamos de Deus, ou Tao, ou Javé, ou Olorum, ou qualquer outra Entidade é exatamente o Incognoscível, o Mistério e Deus. Portanto, havia "Deus". Ele não criou o mundo *no* tempo e *no* espaço, mas *com* o tempo e *com* o espaço.

Agora podemos balbuciar: havia a "Realidade" fora do espaço-tempo, no absoluto equilíbrio de seu movimento, a Totalidade de simetria perfeita, a Energia infinita e o Amor transbordante.

Estas palavras não definem o Mistério. Apenas são flechas que apontam para um Mistério inefável e incognoscível. Ele transcende a nossa razão. Mas se faz sensível ao nosso coração.

Por isso nos sentimos atraídos por ele e terminamos abrindo-nos para o louvor e a veneração.

4. Espírito enche o universo

É errôneo pensar o Espírito à parte, fora do imenso processo cosmogênico. Ele é o motor secreto desta misteriosa realidade em evolução. Portanto, coexiste com o universo e é tão ancestral quanto ele.

Quando ocorreu a primeira singularidade que foi a explosão primordial que tudo originou há 13,7 bilhões de anos, lá estava o Espírito insuflando movimento e vida.

Quando a matéria e as energias originárias atingiram alto grau de complexificação, lá estava o Espírito fazendo surgir a vida e, como expressão mais alta e nobre da vida, a vida humana. A matéria nunca é material. Resulta de uma suprema condensação de energia. A matéria se faz *mater* (de onde vem matéria), a mãe originária das demais coisas.

Quando se inaugurou uma nova etapa da humanidade, com a entrada de Deus em nossa história pela encarnação, lá estava o Espírito vindo sobre Maria de Nazaré e fazendo com que o filho que crescia em suas entranhas se fizesse Filho de Deus.

Quando Deus quis nos dar uma pequena amostra do fim bom do universo e da vida, lá estava o Espírito removendo as pedras do sepulcro onde depositaram o Crucificado e fazendo-o ressuscitar dos mortos.

Quando começou a primeira comunidade dos discípulos de Jesus, lá irrompeu o Espírito em línguas de fogo, pairando sobre as cabeças das pessoas e fazendo que todas elas entendessem a mesma mensagem em sua própria língua materna.

E sempre que na força do Espírito vivermos o sonho de Jesus de um Reino de vida, de justiça, de amor e de paz, é ele quem estará aí a nos inspirar e impulsionar.

Como os primeiros cristãos, repetimos rezando: "Vem, Espírito Criador, renova a face da Terra e habita sempre em nossos corações".

5. A grande cumplicidade cósmica

O universo inteiro se fez cúmplice na produção do ser humano. Mas não apenas dele, mas de todos os demais seres também. Todos dependemos das grandes estrelas vermelhas que, quais fornalhas, forjaram os principais elementos que entraram na composição de todos os seres do universo. Foram elas que converteram o hidrogênio em hélio e, da combinação destes elementos, provieram o oxigênio, o carbono, o nitrogênio, o fósforo e o potássio, e os demais elementos sem os quais não existiriam os aminoácidos nem as proteínas, indispensáveis à vida.

Sem a radiação estelar liberada nesse processo cósmico, milhões de estrelas resfriariam, o sol, possivelmente, não teria existido e, sem ele, não teria havido nem a Terra e consequentemente nem a vida, tampouco estaríamos aqui.

Sem a preexistência do conjunto dos fatores propícios à vida que se foram elaborando em bilhões de anos de evolução, jamais teria surgido a vida e, como subcapítulo dela, a vida humana.

Esta possibilitou a aparição da consciência, do amor, da liberdade, do cuidado e da veneração do Mistério de Deus. A existência de cada um de nós depende de todo este conjunto de fatores que se articularam sabiamente para que pudéssemos estar aqui e falar disso tudo.

Como não se sentir maravilhado e agradecido pelo fato de que tudo correu de tal forma equilibrada para que pudéssemos existir dentro da Casa Comum, o planeta Terra?

6. A Terra como Mãe e Gaia

O planeta Terra já existe há 4,45 bilhões de anos. E a vida já há 3,8 bilhões de anos. Comumente se pensava e se pensa ainda que sobre a Terra existe vida. É verdade. Mas modernamente, de modo especial depois das viagens espaciais à Lua e ao espaço sideral, teve-se a oportunidade de ver a Terra de fora da Terra. Este fato inédito nos permitiu a constatação de que a Terra mesma é um superorganismo vivo. Ela articula o físico, o químico e o ecológico de tal forma que sempre se mantém viva e produz vida.

Esta era a convicção ancestral de todos os povos que a chamavam de *Magna Mater*, de *Pacha Mama*, *Tonantzin* e de outros nomes para significar sua inesgotável fecundidade. Os modernos, depois de detalhadas pesquisas, constataram que os antigos tinham razão. Ela é realmente viva e a chamaram de *Gaia*, nome da mitologia grega para expressar a Terra viva e produtora de vida.

No dia 22 de abril de 2009, depois de muitas discussões, a própria ONU se convenceu do fato da vitalidade da Terra e oficialmente decidiu que todo dia 22 de abril não seja mais o dia da Terra, mas o dia da *Mãe Terra*.

Como ela engloba todos os seres, as águas, as montanhas, os mares e os demais seres vivos, e nós também como humanos, é chamada de *Casa Comum*, como a chama o Papa Francisco em sua encíclica sobre a ecologia integral.

Ao dizer que a Terra é nossa Mãe, logo nos vêm à mente os sentimentos de veneração, respeito, cuidado e amor que nutrimos para com nossas mães. Deveríamos tratá-la com tais sentimentos de ternura e amor. Infelizmente não o fazemos.

Mantemos ainda a falsa pressuposição de que a Terra é uma espécie de baú de recursos ilimitados, de onde extraímos, não raro com violência, tudo o que precisamos para viver.

Hoje nos demos conta de que seus bens e serviços são limitados e muitos não mais renováveis. Ela precisa de um ano e meio para repor o que lhe tiramos num ano.

Precisamos superar nosso consumismo, pois a Mãe Terra já não aguenta mais. Precisamos de uma sobriedade compartida e de um sentido de nossa responsabilidade para a nossa e para as futuras gerações.

Ela não criou apenas os seres humanos, mas todos os seres da comunidade de vida que precisam de seus nutrientes, de água, de ar, de fibras e de solos férteis. Estamos todos interligados, formando uma vasta rede de conexões. São elas que nos mantêm vivos dentro da única *Casa Comum*.

Como diz comovedoramente o Papa Francisco em sua encíclica *Laudato Si': sobre o cuidado da Casa Comum*:

Tudo está relacionado e todos nós, seres humanos, caminhamos juntos como irmãos e irmãs numa peregrinação maravilhosa, entrelaçados pelo amor que Deus tem a cada uma de suas criaturas e que nos une também, com terna afeição, ao irmão Sol, à irmã Lua, ao irmão rio e à Mãe Terra (n. 92).

7. Qual o sentido último do universo?

Deus não é a solidão do Uno, mas a comunhão dos divinos Três: o Pai, o Filho e o Espírito Santo. Eles se relacionam tão radicalmente que constituem uma única Suprema Realidade de amor, de comunhão e de inter-relação.

É da natureza da divindade comunicar a si mesma, em todas as direções, assim como trinitariamente. Ela quer companheiros no amor, pois o amor não convive com a solidão e a exclusão.

Foi assim que surgiu o universo como explosão de vida e de amor do Pai, do Filho e do Espírito Santo. Se Deus-Trindade é relação, então, tudo no universo está relacionado com tudo e todos constituem uma rede infinita de relações, e nada existe fora das relações.

O universo foi constituído como um espelho pelo qual Deus vê a si mesmo e, ao ver-se, acrescenta uma faceta nova à sua eterna plenitude. Deus mesmo ganha ao expressar-se dentro da criação. Ele começa a ser aquilo que não era antes.

Isso só é admissível se partirmos do fato de que Deus não é uma substância fechada em si mesma, mas um Mistério dinâmico, sempre em movimento de comunicação e de extravasamento. Bem assevera o Papa Francisco em sua encíclica sobre a ecologia integral: "As Pessoas divinas são relações subsistentes e o mundo criado segundo o modelo divino é uma trama de relações... toda a realidade contém em si mesma uma marca propriamente trinitária" (n. 240 e 239).

Qual o sentido último do universo? Permitir que Deus saísse de si e pudesse ver a si mesmo em algo diferente dele, embora criado por ele. O universo existe qual cálice capaz de receber dentro de si a divina Realidade e para que a nossa realidade humana, terrenal e cósmica, pudesse participar de sua natureza divina, de seu amor e de sua eternidade.

Ó glória inefável e misteriosa, fonte de sentido e de felicidade ilimitada!

III
A Terra

1. O objeto secreto de nosso desejo

Somos seres de desejo, de um desejo ilimitado e infinito. Não queremos apenas isso e aquilo. Queremos sempre mais. E nunca nos sentimos saciados.

O nosso desejo infinito só se sacia com um Objeto que lhe seja adequado, que seja também infinito. Ele se chama Fonte Originária de todo ser, aquilo que as religiões chamam também de Deus, Alá, Javé, Tao, Olorum.

Essa Realidade última não tem a estrutura dos objetos que encontramos à nossa volta. Ele é o não Objeto, a não Coisa.

Escreveu um teólogo medieval franciscano: "Se Deus existe como as coisas existem, então Deus não existe". Em outras palavras: Deus não tem a estrutura de um ser cuja natureza é ser finito e limitado, como todos os seres criados que não se sustentam por si mesmos e se remetem sempre a outro maior que lhes dá a existência e a subsistência. Deus não cabe dentro deste tipo de compreensão. Seria um ídolo, e não Deus. Ele, no entanto, é aquela Realidade que dá origem a todos os demais seres e cuja natureza subjaz a todas as demais realidades, sustentando-as, pois, caso contrário, voltariam ao nada.

A Realidade que sustenta todas as realidades não pode ser sustentada. Ela sustenta a si e sustenta a tudo o mais, por possuir as características do Mistério.

Este, o Mistério, se dá sempre em todos os lugares e tempos, e pode ser conhecido mais e mais, embora nos escape e se subtraia de todo conhecimento.

Da Realidade divina nos acercamos, acolhendo humildemente o fato de sermos dependentes dela. Expressamos esta atitude pelo amor incondicional, pela veneração, pela devoção, pela compaixão sem limites, pela capacidade de perdão sem resto e pela busca permanente da pureza da mente e do coração.

Mas é pela morte que temos com ela o supremo encontro. Não pela morte vista como um fim, como se tudo acabasse no pó cósmico. Mas fim no sentido de meta alcançada, como o momento alquímico de passagem para o supremo Encontro e para a comunhão com a Fonte viva que sacia todas as buscas de nosso coração.

Não é este o fim de nossa vida, alcançar aquele fim que não tem fim?

Somente Deus preenche estas características. Por isso somente ele pode ser o descanso do inquieto coração. Nele conheceremos o abraço infinito da paz e o amplexo interminável do amor. Então a felicidade será perene e eterna.

2. Aprender a amar a Mãe Terra

A Terra transformou-se atualmente no grande e obscuro objeto do amor humano. Damo-nos conta de que podemos ser destruídos. Não por algum meteoro rasante, nem por algum cataclismo natural de proporções inimagináveis. Mas por causa da irresponsável atividade humana de tirar da Terra mais bens e serviços do que ela consegue repor, implicando uso de violência, de exaustão de riqueza natural, poluição do ar, contaminação da água, envenenamento dos solos e até destruição de inteiros ecossistemas.

Duas máquinas de morte foram construídas e podem devastar a biosfera: as armas de destruição em massa, nucleares, químicas e biológicas, e um modo descuidado de habitar a Casa Comum, que lhe tira o equilíbrio e produz o aquecimento global crescente. Dizem com razão que a nossa irresponsabilidade deu origem a uma nova era geológica, chamada antropoceno. Por ela se quer sinalizar o fato de que o ser humano é aquele que ameaça o futuro da vida e a destruição da vitalidade da Mãe Terra. Ele se transformou no satã da Terra, quando deveria ser o seu cuidador e protetor.

Em razão deste duplo alarme, despertamos de um ancestral torpor. Somos responsáveis pela vida ou pela morte de nosso planeta vivo. Depende de nós o futuro comum, nosso e de nossa querida Casa Comum, a Terra.

Como meio para a salvação da Terra é invocada a ecologia. Não no seu sentido convencional e técnico, como gerenciamento dos recursos naturais escassos, mas como um novo tipo de relacionamento perante ele, de sinergia, de colaboração e de respeito de seus limites e possibilidades. Aqui temos a ver com um novo paradigma, vale dizer, um conjunto de valores e princípios que nos fazem ver que não estamos acima da natureza, como quem é senhor dela e a domina, mas sim se sente parte dela, protege seus bens e garante o seu futuro para nossos filhos e netos.

Estamos aprendendo a amar a Terra como a nossa grande e generosa Mãe, aquela que nos dá vida, alimenta e dia após dia nos oferece tudo o que precisamos para viver e celebrar o dom da existência.

3. A Terra como nave espacial

Terra e humanidade podem ser comparadas a uma nave espacial em pleno voo pelo espaço sideral. Essa comparação da nave não é totalmente adequada, porque a Terra é mais que uma nave. É um superente vivo. Mas vale a analogia para entendermos os limites de nosso planeta. Esta nave tem recursos limitados de combustível, de alimentos e de tempo de transcurso.

1% dos passageiros viaja na primeira classe com todo conforto e na superabundância de meios de vida.

4% dos passageiros vai de classe econômica com recursos suficientes para todos.

Os restantes 95% dos passageiros se encontram amontoados junto às bagagens, no frio e na necessidade.

Esse é o fato real e brutal do estado da Terra, marcada por desigualdades e sem o sentido humanitário de solidariedade e de repartição equitativa dos bens e serviços naturais escassos.

Reparando bem, pouco importa a situação social e econômica dos passageiros. Todos estão dentro da mesma nave e correm a mesma ameaça de morte pelo esgotamento dos recursos disponíveis.

Caso não façam um acordo de repartir equitativamente os recursos escassos, todos poderão ter o mesmo trágico destino. Pouco importa se estão na primeira classe, na classe econômica ou junto às bagagens.

Nosso corpo nos dá um exemplo irrefutável. As bilhões de células que o compõem, colocam-se de acordo entre si para que não haja doenças e todas colaborem, cada qual a seu modo, para a manutenção da saúde.

Por que não fazemos já agora acordo semelhante às nossas células, enquanto tivermos tempo, e assim todos poderemos continuar a viagem com o suficiente e o decente para todos, também para os demais seres vivos da natureza, e chegarmos seguros ao destino desejado?

Desta vez não há alternativa: ou nos salvamos todos ou todos pereceremos. Não haverá uma Arca de Noé que salvará alguns e deixará desaparecer os demais. Terra e humanidade terão um destino comum. Será feliz ou trágico, dependendo de nosso espírito de servidores da vida, solidários uns com os outros e amantes da Mãe Terra.

4. A Terra como Gaia e Grande Mãe

A vida não está apenas sobre a Terra e ocupa parte dela, a biosfera.

A própria Terra, como um todo, se revela como um macro-organismo vivo. Ela possui um equilíbrio bem sutil entre seus elementos físico-químicos, como o oxigênio, o carbono, o fósforo, o ferro, o magnésio e outros, de que cada ser vivo dispõe para viver. Esta foi a grande descoberta dos cientistas a partir dos anos 1970.

Da mesma forma, a salinização dos oceanos, o regime de chuvas e secas, a variação dos climas, a direção dos ventos e das correntes marinhas. Tudo forma um sistema de interdependências e mútuas relações que garante um equilíbrio sutilíssimo de todos os fatores e, assim, a manutenção da vida. Essa justa medida perdura e se renova há milhões e milhões de anos, tornando as condições gerais propícias para a vida.

As mitologias dos povos originários do Oriente e do Ocidente tinham e veneravam a Terra como a Grande Mãe, a Mãe dos mil seios, para significar sua indescritível fecundidade. A mesma constatação vem mais e mais sendo confirmada pela ciência experimental mais avançada da cosmologia e da nova biologia. Elas tomaram como símbolo uma deusa grega que expressava a vitalidade da Terra, Gaia. Os andinos a chamam de Pacha Mama, a mãe generosa de todos os viventes.

E nós emergimos como aquela porção da Terra que, num estágio avançado de sua evolução, de sua complexidade e de intrincadíssima rede de relações com todos os demais seres, começou a sentir, a pensar e a amar. Assim irrompeu o ser humano, homem e mulher, sobre a Terra, e como expressão da própria sensibilidade, inteligência e amor da Terra.

5. Somos uma coisa só: Terra e humanidade

De lá das naves espaciais ou da Lua, a Terra emerge como um planeta esplendoroso, azul e branco, um pequeníssimo corpo celeste na imensidão escura do universo.

É o terceiro planeta do Sol, de um Sol de subúrbio, estrela média de quinta grandeza, um entre outros duzentos bilhões de sóis de nossa galáxia, a Via Láctea. Esta galáxia é uma entre outras cem bilhões de outras galáxias, junto com conglomerados infindáveis de galáxias.

O sistema solar dista 28 mil anos luz do centro da Via Láctea, na face interna do braço espiral de Orion.

Na revista *Times* de 1982, Isaac Asimov, conhecido cientista russo, grande divulgador de conhecimentos astronômicos, ao celebrar os 25 anos do lançamento do Sputinik, que inaugurou a era espacial, deu o seguinte testemunho: "O legado destes primeiros 25 anos de viagens pelo espaço extraterrestre é a percepção de que, na perspectiva das naves espaciais, a Terra e a humanidade formam *uma única entidade*".

Repare-se que ele não diz que formam uma unidade, resultante de um conjunto de relações entre várias partes. Afirma muito mais que isso: formamos uma única entidade, vale dizer, somos um único ser, Terra e humanidade: ser complexo, diverso, contraditório e dotado de inteligência, de propósito e de encantadora beleza. Como já foi dito, nós somos a porção da Terra que sente, pensa, ama e venera. Através de nós a própria Terra contempla o inteiro universo e se sente parte consciente e inteligente dele.

Como testemunha a encíclica de ecologia integral do Papa Francisco:

A interdependência de todas as criaturas é querida por Deus. O sol, a lua, o cedro e a florzinha, a águia e o pardal: o espetáculo das suas incontáveis diversidades e desigualdades significa que nenhuma criatura se basta a si mesma; elas só existem na dependência umas das outras, para se completarem mutuamente no serviço umas das outras (n. 86).

O universo caminhou 13,7 bilhões de anos para produzir esta admirável obra que nós, seres humanos, recebemos como herança para cuidar como jardineiros e preservar como guardiães fiéis. E também para celebrarmos essa sinfonia grandiosa e para nos sentirmos parte.

6. Sentir-se Terra

A Terra não produz apenas a nós, seres humanos. Produz a miríade de micro-organismos que compõem 90% de toda a rede da vida, os insetos que constituem a biomassa mais importante da biodiversidade.

Produz as águas, a capa verde com a infinita diversidade de plantas, flores e frutos.

Produz a diversidade incontável de seres vivos, animais, pássaros e peixes, nossos companheiros dentro da unidade sagrada da vida, porque em todos estão presentes os vinte aminoácidos e as quatro bases fosfatadas que entram na composição de cada ser vivo. É o código genético comum.

Produz para todos as condições de evolução, de alimentação e de subsistência no solo, no subsolo e no ar.

O mais espantoso, entretanto, é constatar que todos os seres estão interligados, formando a grande comunidade de vida. O Papa Francisco, em sua encíclica ecológica, apresenta-nos São Francisco como o patrono da atitude ecológica, que

> vê qualquer criatura como uma irmã, unida a ele por laços de carinho; por isso se sentia chamado a cuidar de tudo o que existe... pedia que, no convento, se deixasse sempre uma parte do horto por cultivar, para aí crescerem as ervas silvestres; o mundo é algo mais do que um problema a resolver, é antes um mistério de gozo que contemplamos na alegria e no louvor (n. 11 e 12).

Somos filhos e filhas da Terra. Mais ainda: somos a própria Terra consciente, pensante e amante. Sentir-se Terra é mergulhar na comunidade terrenal, sentir a conexão de todos com todos, perceber-se dentro do mundo dos irmãos e das irmãs, todos gerados pela grande e generosa Mãe Terra, nossa Casa Comum.

7. A Terra, nossa Mãe está doente

Há um fato que se torna cada dia mais evidente. A nossa querida Mãe Terra, a única Casa Comum que temos para morar, está doente. O aquecimento global está crescendo e, como consequência, surgem os eventos extremos: por um lado grandes secas, por outro, inundações avassaladoras. As calotas polares estão se derretendo e o nível do mar está subindo de forma ameaçadora.

Em outras palavras, a Terra não é mais sustentável. Quer dizer que sozinha ela não consegue refazer o equilíbrio perdido. Precisamos ajudá-la, sob o risco de nós mesmos sermos vítimas de sua doença.

Concretamente ela precisa de tempo e de repouso para refazer seus nutrientes. Podemos usá-la mas não superexplorá-la, pois está dando claros sinais de estresse. Se seguir este ritmo, não poderá mais atender a nossas demandas, e muitos seres humanos e outros seres vivos poderão padecer e até desaparecer.

O projeto moderno de crescimento ilimitado se tornou irrealizável. Um planeta pequeno e com bens e recursos limitados não pode suportar um projeto ilimitado. Temos que mudar nossa forma de produzir e de consumir.

Produzir respeitando os ciclos e ritmos da natureza e a biocapacidade de cada ecossistema e consumir com moderação e responsabilidade. Podemos ser mais com menos.

Para alcançar tal propósito inadiável, inspiram-nos as palavras da *Carta da Terra*, também assumidas pela encíclica do Papa Francisco sobre o *Cuidado da Casa Comum*:

> Como nunca antes na história, o destino comum nos conclama a buscar um novo começo... Isto requer uma mudança na mente e no coração. Requer um novo sentido de interdependência global e de responsabilidade universal. Devemos desenvolver e aplicar com imaginação a visão de um modo de vida sustentável aos níveis local, nacional e global.

Em poucas palavras, encontra-se aqui a formulação de todo um programa de transformações restauradoras. Já não são suficientes reformas, uma espécie de *band-aid* que cobre as feridas do corpo da Mãe Terra, mas verdadeiramente um novo *começo*.

Para isso precisamos de fé e de esperança de que temos ainda tempo e poderemos curar as chagas de nossa Grande Mãe. O Espírito Criador, "o soberano amante da vida" (Sb 11,26), seguramente nos ajudará e, com a nossa colaboração, garantiremos um futuro comum bom para a Terra, para a humanidade e para as gerações que virão depois de nós.

8. Tudo será conservado

Este universo sobre nossas cabeças, estes astros incontáveis enchendo os espaços siderais, estas florestas verdejantes, estes pássaros incontáveis, estes insetos tão diversos, estes rios caudalosos e estes riachos ridentes, estas montanhas majestosas, estas pedras, tudo, tudo vai ser conservado e transfigurado e feito templo de Deus.

Mas mais que tudo: os povos em suas diferentes culturas, valores e tradições, cada pessoa humana em sua singularidade, todos formaremos o Povo de Deus, a família humana que se une à família divina do Pai, do Filho e do Espírito Santo.

O que Deus criou e amou também eternizou. É parte de sua própria história.

E todos viveremos bem felizes como numa grande comunidade, em casa, como irmãos e irmãs, numa comunhão indizível e sendo acolhidos amorosamente como membros do Reino da Trindade.

IV
O ser humano

1. Nascemos junto com o universo

Não vivemos apenas sobre a Terra. Somos filhos e filhas da Terra. Melhor ainda, somos a porção da Terra que num momento avançado de sua evolução e complexidade começou a sentir, a pensar, a amar e a venerar. Somos Terra, portanto, parte e parcela do imenso cosmos.

O homem/mulher é o derradeiro rebento da árvore da vida, a expressão mais complexa da biosfera que, por sua vez, é expressão da atmosfera, da hidrosfera, da geosfera, enfim, da história da Terra e do universo.

Bilhões de partículas entraram na composição de nossa identidade, que irrompeu junto com o próprio universo há 13,7 bilhões de anos. Outras peregrinaram pelo universo há milhões e milhões de anos, vindas das estrelas mais distantes, e acabaram por compor o nosso corpo. Algumas delas podem até ser mais antigas que a própria Terra, que existe há mais de 4 bilhões de anos.

Os átomos de carbono, indispensáveis à vida terrestre e que permitem todo tipo de combinações, se formaram na fornalha ardente dos sóis anteriores ao nosso, há bilhões de anos.

O *homo sapiens/demens*, do qual somos herdeiros imediatos, emergiu, finalmente, há apenas 100 mil anos, carregando no tecido de seu corpo e nas incisões da sua psique a história bilionária de todo o universo.

Que idade temos? A idade do universo: 13,7 bilhões de anos.

2. Todos temos uma origem comum

É consenso na comunidade científica que todos os seres vivos irromperam a partir de uma Fonte Originária comum: uma célula ancestral. Por isso, há um parentesco inegável entre todos, por mais diferentes que se apresentem. Por esta razão, todos estão sempre relacionados uns com os outros, formando a grande comunidade cósmica e terrenal, tema central de todo o discurso ecológico.

O estado natural do universo não é a estabilidade, mas a mobilidade e a evolução. Uma Energia de Fundo, misteriosa e poderosa, está continuamente em ação, sustenta o inteiro universo e cada um dos seres, inclusive a nós mesmos que estamos escrevendo estas coisas.

Lentamente, o universo foi se expandindo, se complexificando e se autocriando, de forma que ordens cada vez mais altas foram emergindo até irromper, por fim, a vida com toda a sua diversidade.

Nós, seres humanos, somos filhos e filhas da Terra. Mais ainda, somos a porção da Terra que anda e dança, que freme de emoção e pensa, que quer e ama, que se extasia e adora o Mistério que se revela e vela nela, em cada um dos seres.

Todas estas realidades, primeiro, estiveram no universo, se condensaram em nossa galáxia, ganharam forma em nosso sistema solar e irromperam concretas na nossa Terra, a grande Mãe dos povos originários ou um superorganismo vivo, complexo e dinâmico, a Gaia dos novos cosmólogos.

Nós somos um pouco disso tudo, somos um pequeno resumo de todo o universo, um microcosmo, a imagem e a semelhança do Criador e Sustentador de todas as coisas.

Poucos expressaram melhor esta verdade que o Papa Francisco em sua encíclica *Laudato Si': sobre o cuidado da Casa Comum:*

> O Pai é a fonte última de tudo, fundamento amoroso e comunicativo de tudo o que existe. O Filho, que o reflete e por quem tudo foi criado, uniu-se a esta Terra, quando foi formado no seio de Maria. O Espírito, vínculo infinito de amor, está intimamente presente no coração do universo, animando e suscitando novos caminhos... Toda realidade contém em si mesma uma marca propriamente trinitária (n. 238 e 239).

Portanto, a verdadeira Fonte Originária de nossa existência se encontra no coração do próprio Deus, que nos quis seus companheiros desde toda a eternidade.

3. Somos parentes, todos irmãos e irmãs

Como partes do universo e membros do sistema-vida, todos somos parentes, irmãos e irmãs: das partículas elementares, do bóson de Higgs, dos *top quarks*, das pedras, das plantas, dos animais, dos micro-organismos que se escondem no subsolo, das estrelas, das galáxias e de todos os demais humanos.

Há um tempo estávamos todos juntos, naquela Energia de Fundo, a verdadeira Realidade Primordial, misteriosa e inominável; depois no interior daquele minúsculo ponto que, num dado momento explodiu, o que chamamos de *big bang*; em seguida nas grandes estrelas vermelhas, dentro das quais se forjaram os componentes físico-químicos de todos os seres, também dos vivos; a seguir, estávamos na nossa Via Láctea, no Sol e, finalmente, aqui no planeta Terra, nossa Casa Comum.

Somos feitos dos mesmos compostos. Por isso se diz que no universo existe um imenso *isomorfismo*, quer dizer, uma fórmula de base comum, complexa e unitária.

Como seres vivos, possuímos o mesmo código genético dos outros seres vivos, das amebas, dos dinossauros, do tubarão, do mico-leão-dourado, do australopiteco, um dos nossos primeiros ancestrais humanoides, do *homo sapiens demens* contemporâneo.

Um elo de fraternidade/sororidade nos une objetivamente, coisa que São Francisco, no século XIII, intuiu misticamente ao chamar a todos os seres, vivos e inertes, com o doce nome de irmãos e irmãs.

Mas hoje sabemos, por um dado de ciência, que todos os seres vivos se originaram de uma única célula viva, batizada de Áries. Constatou-se também que todos, da bactéria mais originária, passando pelas grandes florestas primordiais, pelos dinossauros, pelos animais, pelas aves e pelos peixes, somos feitos com os mesmos vinte aminoácidos e as mesmas quatro bases fosfatadas.

Em palavras simples: temos os mesmos tijolinhos de base que, dispostos de forma diferente e segurados e fortificados por quatro tipos diferentes de cimento, constituímos a imensa biodiversidade da natureza.

Um laço de fraternidade nos une e nos faz a todos primos e primas, irmãs e irmãos. Belamente o exprime o Papa Francisco, em sua encíclica sobre *O cuidado da Casa Comum*: "caminhamos juntos como irmãos e irmãs, numa peregrinação maravilhosa que nos une também, com terna afeição, ao irmão sol, à irmã lua, ao irmão rio e à Mãe Terra" (n. 92).

Formamos a grande comunidade cósmica, terrenal, biótica e humana.

Se temos uma origem comum, certamente teremos também um mesmo destino comum: grandioso, majestático e integrador de tudo, inseridos no coração do Criador.

4. Somos todos africanos

Hoje é consenso entre os paleontólogos e antropólogos que a aventura da hominização se iniciou na África, cerca de sete milhões de anos atrás. Ela se acelerou passando pelo *homo habilis, erectus, neanderthalensis,* até chegar ao *homo sapiens sapiens,* cerca de cem mil anos atrás. Da África ele se propagou pela Ásia, há sessenta mil anos, pela Europa, há quarenta mil anos, e pelas Américas, há trinta mil anos.

A África não é apenas o lugar geográfico das nossas origens. É o arquétipo primal, o conjunto das marcas impressas na psique do ser humano, presentes ainda hoje como informações indeléveis, à semelhança daquelas inscritas em nosso código genético.

Foi na África que o ser humano elaborou suas primeiras sensações, onde se articularam as crescentes conexões neurais (cerebralização), brilharam os primeiros pensamentos e emergiu a complexidade social que permitiu o surgimento da linguagem e da cultura. Há um espírito da África presente em cada um dos seres humanos.

Três eixos principais do espírito da África podem significar verdadeira terapia para a nossa crise global.

O primeiro é concepção da Terra como *Mãe*. Espalhando-se pelos vastos espaços africanos, nossos ancestrais entraram em profunda comunhão com as paisagens, com as florestas, com os lagos, com a flora e a fauna. Sentiram a interconexão que todas as coisas guardam entre si. Deram-se conta de que a Terra é verdadeiramente Mãe generosa, dando-nos tudo o que precisamos para viver e sobreviver.

O segundo eixo é a *matriz relacional*. Os africanos usam a palavra *ubuntu*, que significa a força que conecta a todos, formando a comunidade dos humanos. *Ubuntu* quer dizer "eu sou eu através de ti". Faço-me humano através do conjunto das conexões com a vida, a natureza, os outros e o Divino. À essa comunidade pertencem também os mortos. Eles não ficam retidos no céu. Ficam no meio do povo como conselheiros e guardiães das tradições sagradas.

O terceiro eixo são os *rituais*. Experiências importantes da vida pessoal, social e sazonal são celebradas com ritos, danças, músicas e apresentações de máscaras, portadoras de energia cósmica. É nos rituais que as forças negativas e positivas se equilibram e se aprofunda o sentido de pertença a um Todo.

Se reincorporarmos o espírito da África, a crise atual não precisará ser uma tragédia, mas uma passagem para uma ordem mais alta. E carregaremos o espírito da África, feito de solidariedade, de coesão social (*ubuntu*), de espiritualidade e de respeito pela Mãe Terra, durante toda a nossa história presente e futura.

5. Que é o espírito humano?

O espírito só deve ser entendido dentro do campo das relações que existem entre todos os seres. Tudo no universo é relação e nada existe fora da relação.

Espírito é a capacidade de inter-relação que todas as coisas guardam entre si. Formam teias relacionais cada vez mais complexas, gerando unidades sempre mais ordenadas. Quando os dois primeiros *top quarks*, a quantidade mínima de matéria, começaram a se relacionar e a formar um campo relacional, lá estava emergindo seminalmente aquilo que chamamos de espírito.

Por isso, o universo é cheio de espírito, porque é reativo, pan-relacional e auto-organizativo. Em certo grau, todos os seres participam do espírito, porque todos estão relacionados entre si. A diferença entre o espírito de gato e o espírito do ser humano não é de *princípio*, mas de *grau*. O *princípio* de relação funciona em ambos, mas de forma e em *grau* diferente.

Nos gatos, o espírito se revela pelas relações que entretêm com as energias vitais, com o ambiente, com a Mãe Terra, com outros seres vivos que caça ou convive, com as energias da natureza, com o convívio nas casas dos seres humanos e com o carinho que recebem. Eles entendem sinais, percebem o estado de espírito, especialmente a tristeza daqueles com quem convivem, o que mostra o espírito agindo.

No ser humano o espírito possui esta singularidade: ele é reflexivo e autoconsciente. Pelo espírito nos sentimos inseridos no Todo a partir de uma parte que é o corpo animado e, por isso, portador do espírito. E pela psique, fonte de nossa vida interior com seus impulsos positivos e negativos.

No nível reflexo, espírito significa subjetividade que dialoga com o Eu profundo, se abre ao outro, com ele se comunica e assim se autotranscende, gestando uma comunhão aberta, até com a suprema Alteridade, com Deus.

No nível mais radical, o espírito irrompe como o mistério de nós mesmos, de onde emergem as perguntas mais fundamentais: quem somos? De onde viemos? Para onde vamos? A que somos chamados? Que significa essa Energia vigorosa que vitaliza todo nosso ser? Geralmente ouvimos estas interrogações silenciosos e reverentes. É o espírito em nós.

O espírito, portanto, antes de estar em nós, estava no cosmos. Este é repleto de espírito porque é constituído de uma intrincada teia de relações que a todos envolve.

Definindo o espírito humano: é a capacidade de relação com todas as coisas, é a vida consciente, aberta ao Todo, incluindo a Última Realidade, vida comunicativa, livre, criativa, marcada pela amorosidade e pelo cuidado.

6. O ser humano como um nó de relações totais

Em 1845, Karl Marx escreveu suas famosas 11 teses sobre Feurbach. Na sexta tese afirma algo verdadeiro mas reducionista: "A essência humana consiste no conjunto de suas relações sociais".

Efetivamente não se pode pensar a essência humana fora das relações sociais, a começar pela família. Mas ela é muito mais que isso, pois resulta do conjunto das relações totais que entretém em todos os âmbitos.

De fato, a existência humana emerge como um nó de relações voltado para todas as direções: para baixo, para cima, para dentro e para fora. É como um rizoma, aquele bulbo com raízes em todas as direções. O ser humano se constrói à medida que ativa este complexo de relações, não somente as sociais.

Em outros termos, o ser humano se caracteriza por surgir como uma abertura ilimitada: para si mesmo, para o outro, para mundo e para a totalidade que inclui a Última Realidade.

Sente em si uma pulsão infinita, embora encontre somente objetos finitos. Daí a sua permanente implenitude e insatisfação. Não se trata de um problema psicológico que um psicanalista ou um psiquiatra possa curar. É sua marca distintiva, ontológica, e não um defeito de construção.

Dá-se conta de que, quanto mais se relaciona, mais e mais se abrem as possibilidades de realização até o limite do infinito.

Entretanto, ele só descansa quando encontrar o objeto adequado à sua pulsão infinita. Todas as religiões e caminhos espirituais apresentam esta realidade como sendo Deus, Tao, Javé, Olorum ou outro nome qualquer. Acolhendo esta Realidade, sua equação se resolve e ele finalmente encontra a paz e o repouso que sempre buscou. Jamais a encontra no mundo finito, no qual se move e vive. Está nele mas precisa transcendê-lo para encontrar a sua plena realização.

7. Parar para poder avançar

O ser humano se enraíza no tempo e no espaço. Este, o espaço, mais ou menos o compreendemos. Mas o tempo sempre constituiu uma grande interrogação até hoje indecifrável.

Para mim, a melhor compreensão de tempo foi esta que li num pedaço de madeira dependurada na parede de um restaurante em Buenos Aires. Aí se dizia: "O tempo é a espera daquilo que há de vir". Não é uma definição, mas a descrição daquilo que vivenciamos quando nos referimos ao tempo. Sempre estamos à espera de algo que vai ou pode acontecer. Por isso importa estarmos atentos.

Há tempos e tempos. O tempo natural do crescimento de uma árvore gigante pode demorar cinquenta anos. O tempo tecnológico de sua derrubada com uma motosserra pode durar apenas cinco minutos. Quanto tempo precisamos para crescer em maturidade, sabedoria e conquistar o próprio coração? Pode ocorrer que uma vida de 80 anos seja curta demais para chegarmos ao nosso Eu profundo.

O tempo interior não obedece ao tempo do relógio. O tempo decorrido no encontro entre duas pessoas que se amam parece sempre curto demais, embora fiquem cronologicamente horas juntos.

Temos que resgatar o sentido profundo do tempo, numa sociedade como a nossa tão acelerada que nos faz sentir que não temos tempo para nada. Hoje, contra a correria geral, se impõe parar um pouco para se encontrar consigo mesmo.

Uma reflexão do mestre zen Chuang-Tzu de 2.500 anos atrás nos parece muito inspiradora. Ele conta:

> Havia um homem que ficava tão perturbado ao contemplar sua sombra e tão mal-humorado com as pegadas de seus pés que achou melhor livrar-se de ambas. O método foi da fuga, tanto de uma quanto de outra. Levantou-se e pôs-se a correr. Mas sempre que colocava o pé no chão aparecia a pegada e a sombra o acompanhava sem a menor dificuldade.
>
> Atribuiu o seu erro ao fato de que não estava correndo como devia. Então se pôs a correr mais velozmente e sem parar, até cair morto por terra.
>
> O erro dele (comenta o Mestre) foi o de não ter percebido que, se apenas pisasse num lugar sombrio, a sua sombra desapareceria e, caso ficasse parado, não apareceriam mais suas pegadas.

Esse parar um pouco nos permite um encontro com a nossa verdadeira realidade. Quem sabe reside aí o segredo da felicidade e da ansiada paz interior.

8. Morrer é como nascer

A morte é semelhante ao nascimento. Ao nascer, a criança abandona a matriz nutridora que ao cabo de nove meses fora se tornando sufocante e esgotava as possibilidades da vida intrauterina.

A criança passa por uma violenta crise: é apertada por todos os lados, empurrada e ejetada para o mundo. Ela mal sabe o que a espera: uma realidade mais vasta que o ventre materno, cheia de largos horizontes e de ilimitadas possibilidades de comunicação.

Ao morrer, o ser humano passa por semelhante crise: enfraquece, vai perdendo o ar, agoniza e é como que arrancado deste mundo. Mal sabe ele que vai irromper num mundo muito mais amplo que aquele que acaba de deixar.

Como sua natureza é feita de relações, sua capacidade de comunicação se estenderá infinitamente. A placenta do recém-nascido, na morte, não é mais constituída pelos estreitos limites do homem-corpo, nem pelo espaço-tempo, mas pela globalidade do universo inteiro. Ao morrer, penetramos no coração do universo onde todos os laços e nexos se encontram. Seremos um com o Todo, onde Deus tem sua presença permanente.

Morrendo, acabamos de nascer plenamente. E como dizia um poeta cubano: "Morrer é fechar os olhos para ver melhor", captar toda a realidade e contemplar o próprio Deus.

9. Algo nosso já está eternizado

Por mais ameaças que pesem sobre a nossa Casa Comum, como o aquecimento abrupto global ou a exaustão da base físico-química que sustenta a nossa vida e a cultura, por mais trágica que possa parecer a existência humana, masculina e feminina, algo nela, porém, se encontra absolutamente preservada e intocada: a santa humanidade de Jesus e de Maria. Ambas foram assumidas pelo Filho eterno e respectivamente pelo Espírito Santo e introduzidas no seio da Santíssima Trindade.

Algo desse nosso coração, de nossa inteligência, de nosso sentimento, de nosso desejo, de nossas angústias, de nosso amor e de nosso corpo penetraram na eternidade e começaram a pertencer a Deus para sempre.

Se, por um absurdo, a inteira humanidade viesse um dia a desaparecer por nossa irresponsabilidade, por algum cataclismo ecológico-social ou pela queda de um formidável meteoro, mesmo assim algo nosso, através de Jesus ressuscitado e de Maria espiritualizada, teria sido entronizado no reino da Trindade e estaria definitivamente no céu, salvo e divinizado por toda a eternidade.

Reafirmamos: o que dissemos de Jesus vale analogamente a Maria em sua realidade feminina. Ela foi assumida pelo Espírito Santo, que armou sua tenda sobre ela (Lc 1,35), quer dizer, permaneceu definitivamente em sua vida, e foi feita a mãe de Jesus. Ela também foi divinizada aqui na Terra e eternizada no céu por sua assunção.

Portanto, algo de feminino que existe na mulher e no homem foi definitivamente levado a participar da realidade do próprio Deus, que assim se revela também como uma Mãe de infinita bondade e ternura.

Essa fé nos permite caminhar cantando, pois o fim bom da criação e da história já está garantido. Com o filósofo podemos dizer: "O verdadeiro gênesis está no fim e não no começo". Agora começa a história sem o peso do Negativo, a verdadeira, pois se realiza de plenitude em plenitude, sem fim.

V
A ecologia

1. Ecologia, resposta à crise da Terra

Nos anos 1960, a humanidade despertou para o fato de que havia um profundo descompassado entre o projeto de um crescimento ilimitado e os limites físicos da Terra. Caso se prolongasse esse projeto, a Terra não aguentaria e surgiriam graves catástrofes ecológico-sociais. Urgia mudar de tipo de crescimento, de modo que fosse compatível com os limites dos bens e serviços da Mãe Terra. Nesse contexto surgiu a palavra sustentabilidade, visando garantir a existência e a capacidade de reprodução de todos os seres.

Foi também quando a questão ecológica surgiu como um problema político. Até então a ecologia, palavra criada em 1868 pelo alemão Ernst Haeckel, deixou de ser um subcapítulo da biologia e caiu na rua como tema de preocupação coletiva. Ou respeitamos a biocapacidade da Terra e usamos racionalmente seus bens naturais, ou corremos o risco de que ela não tenha mais condições de nos alimentar e a toda a comunidade de vida. Nem sequer podemos imaginar o que poderia ocorrer, então.

Haeckel definiu bem a ecologia como "a economia doméstica" da Casa Comum, da Terra. Com as reservas que possui na sua despensa, todos os seres vivos deverão poder viver saudavelmente. Mas à condição de não consumirmos mais do que precisamos e de termos um senso de justa medida e autocontenção do impulso de consumir.

Haeckel viu que a ecologia não tem por objeto de seu estudo os seres tomados em si mesmos, como fazem as demais ciências (uns as pedras, outros as matas, outros os pássaros), mas as relações que enlaçam todos os seres entre si e com o seu meio.

Formando esta rede de relações, consegue-se garantir a sustentabilidade da Terra para continuar viva e sempre reproduzir viva.

Resumindo: a ecologia é a ciência das relações e das conexões de todos com todos e com o meio, para poderem conviverem e se autoajudarem, e assim todos poderem ter futuro aqui no sistema Terra e no processo de evolução.

Esta é uma das teses centrais da visão ecológica que deve ser assumida pelo processo produtivo, pela política pública, pela educação e pela consciência coletiva, pois sem ela não garantiremos o nosso futuro comum.

2. A ecologia ambiental: a qualidade de vida

A ecologia é mais que uma técnica de administração de bens e serviços naturais escassos. É antes uma arte de como equilibrar estes dois dados: quanto podemos intervir na natureza para atender às demandas humanas e quanto precisamos preservar do capital natural para nós, hoje, e para as futuras gerações.

Normalmente falamos de ecologia do meio ambiente. Mas este não existe. O que existe é o ambiente inteiro. Posto que todos os seres estão inter-relacionados, fala-se em lugar de meio ambiente de comunidade de vida. Ela deve ser tratada com compreensão, com amor e compaixão, a fim de que possa ser de fato a Casa Comum para nós humanos e para todos os demais seres.

Assim se refere a *Carta da Terra*, um dos documentos mais importantes dos inícios do século XXI, elaborado a partir de uma consulta da maioria dos países, no sentido de levantar valores e princípios que nos ajudem a cuidar e garantir o futuro do Lar Comum.

Para que seja uma Casa Comum habitável, importa que o ar seja puro, as águas não contaminadas, os solos não envenenados e o ambiente geral cuidado com carinho e beleza. Só dessa forma garantiremos o que chamamos de uma boa qualidade de vida ou, como os andinos dizem, alcançamos "o bem viver e conviver". Isto implica o equilíbrio de todos os elementos, na família, na comunidade, em relação com a natureza e suas "bondades", como dizem, de forma que todos sejam atendidos em suas necessidades e possam continuar juntos pelo futuro afora.

3. A ecologia social: a sustentabilidade

O ser humano não vive, convive com outros seres e com a natureza, da qual é parte. Cada sociedade organiza a sua forma de utilizar os bens e serviços naturais, como distribuí-los e como cuidar para que possam se reproduzir e não acabar. É o que trata a ecologia social.

Seu objetivo é alcançar a sustentabilidade, quer dizer, permitir que, com o capital natural existente, se possa atender às necessidades humanas da presente e das futuras gerações, e, ao mesmo tempo, permitir que a natureza possa repousar, regenerar-se e repor o que tiramos dela.

A atual sociedade mundializada se propôs um objetivo questionável: explorar todas as riquezas naturais visando à acumulação de riqueza, sem qualquer consideração nem limite. Neste propósito, nos trouxe inegáveis facilidades para a vida, como o antibiótico, a cultura industrial que tornou mais leve nossa existência e outras tantas vantagens.

Mas produziu também duas consequências iníquas: uma *injustiça social* clamorosa, fazendo que 20% da humanidade se aproprie da maioria das riquezas e deixando 80% na indigência. Simultaneamente produziu uma espantosa *injustiça ecológica*, dizimando inteiros ecossistemas e devastando a Terra a ponto de ela hoje mostrar sinais de extenuação pelo aquecimento global e pela perda da biodiversidade.

Cada ano, dizem os cientistas, cerca de cem mil espécies de seres vivos desaparecem para sempre, e com elas informações nelas contidas que poderiam salvar vidas, combater a Aids ou o Parkinson.

Estamos diante de uma situação que pode comprometer o futuro da vida e tornar estéril a Terra. Nós precisamos dela, ela não precisa de nós. A Terra pode continuar na evolução, mas sem nós.

Isso devemos evitar de todas as formas, mudando nossas formas de habitar a Casa Comum, especialmente nosso estilo de vida consumista, individualista e materialista, de modo que todos possam caber nela. Realizar esse objetivo constitui a autêntica sustentabilidade, que não se identifica com o *marketing* falacioso que busca apenas vender os produtos em vista da acumulação de bens materiais, sacrificando o alcance e o limite da natureza.

4. A ecologia mental: novas mentes e novos corações

A ecologia mental se ocupa com a mente humana e com aquilo que se passa dentro dela. Geralmente, todas as coisas começam por alguma ideia ou um sonho que habita nossas mentes. Hoje temos que mudar a nossa mente. Já Einstein dizia que "o pensamento que produziu a crise atual não pode ser o mesmo que nos vai tirar dela; temos que mudar".

A primeira mudança reside no resgate da inteligência cordial ou sensível. Temos que enriquecer a inteligência racional que predomina em todos os campos de nossa cultura e com a qual organizamos o mundo. Mas ela tem que ser completada com a inteligência cordial.

Nesta está a sede da sensibilidade, do amor, da compaixão, da ética e da espiritualidade. É ela que nos faz sentir, insiste o Papa Francisco em sua encíclica sobre a ecologia, "como nosso, o sofrimento do mundo" e que nos leva a sempre unir "o grito do pobre com o grito da Terra" (n. 49). Se não sofremos com a Mãe Terra, como vamos cuidá-la?

Em seguida, devemos considerar a Terra não mais como um baú do qual podemos tirar tudo o que queremos. Ela é um superente vivo, é Mãe generosa que merece ser respeitada nos seus limites e amada com extremo cuidado.

Da razão cordial nascem atitudes de respeito, de compaixão com a natureza que sofre e de amor para com todos os seres, o que chamamos de *biofilia* (amor a tudo o que vive). Sem essa conversão da mente e do coração continuaremos a depredar seus bens naturais e, assim, a agredir toda a comunidade de vida.

A Mãe Terra não criou apenas a nós, seres humanos, mas a todos os demais seres vivos, que também precisam ser alimentados com água, com fibras, com todo tipo de alimentos. E eles são nossos irmãos e irmãs na grande comunidade terrenal. Devemos pensar neles, respeitá-los em seu valor intrínseco e amá-los como companheiros de caminhada por este belo planeta.

5. A ecologia integral: somos parte do universo

A ecologia integral procura entender a Terra como parte do imenso universo que já existe há 13,7 bilhões de anos. Ela possui 4,45 bilhões de anos e dista do sol cerca de 150 milhões de km. Viajando 300 mil/km por segundo, a luz solar nos chega em 8 minutos. Junto com o sistema solar, ela dista 28 mil anos luz do centro de nossa galáxia, a Via Láctea, na parte interior de um braço da espiral de Orion.

É um pequeno ponto azul-branco, perdido entre as bilhões e bilhões de galáxias, estrelas e planetas. É alimentada e sustentada pelas mais diferentes energias cósmicas, das quais quatro são as mais conhecidas: a gravitacional, a eletromagnética, a nuclear fraca e a forte. O que elas são, continua sendo para os cientistas um verdadeiro mistério. Sabemos apenas que elas agem sempre conjuntamente e expressam a Inteligência do próprio universo que tudo conduz com harmonia e beleza.

O grande cosmólogo inglês Stephen Hawking diz, por exemplo, que se a energia gravitacional que atrai todos os seres fosse forte demais, haveria explosões sobre explosões e não se formariam os seres existentes. Da mesma forma, se fosse fraca demais, não haveria densidade suficiente para formar as estrelas, não existiria a Terra nem nós estaríamos aqui escrevendo sobre tudo isso.

Terra e humanidade formam uma grande e complexa unidade. É o que nos testemunham os astronautas que puderam ver a Terra da Lua ou de suas naves espaciais. Todos eles dizem: "Daqui de cima, não há separação entre Terra e humanidade; formam uma única entidade".

Por isso podemos afirmar: o ser humano é a porção da Terra que sente, pensa, ama e venera. Por isso *homem* vem de *húmus*, terra fértil e boa. Adão em hebraico vem de *adamah*: terra arável e fecunda.

Esta visão de totalidade nos torna humildes e ao mesmo tempo orgulhosos por podermos contemplar a totalidade do universo. E emerge em nós o sentimento de reverência ante Àquele que tudo criou e nos colocou neste pequeno e belo planeta Terra, nossa única Casa Comum.

Somos seus celebrantes e cuidadores do jardim do Éden.

6. Estar junto e não sobre as coisas

Na atitude de estar *sobre* as coisas, dominando-as, parece residir o mecanismo fundamental de nossa atual crise civilizacional. Ela funda o que chamamos de *an-*

tropocentrismo, a ilusória ideia de que somos o centro de tudo e de que os demais seres só possuem valor à medida que se ordenem a nós e estejam disponíveis ao nosso uso.

Qual a suprema ironia? A vontade de tudo dominar nos fez reféns dos imperativos da sociedade que construímos e que exigem que trabalhemos, lucremos e consumamos mais e mais. É a cultura dominante, a cultura do capital.

Mas esta opção de estar *sobre* a natureza cobrou-nos um preço muito alto. A utopia de melhorar a condição humana piorou a qualidade de vida.

O crescimento ilimitado foi apropriado por 20% da humanidade, deixando os demais 80% na pobreza. A volúpia de utilização máxima dos bens naturais da Terra levou à exaustão de parte dos sistemas vitais e à desintegração do equilíbrio ambiental. Tanto o socialismo de outrora quanto o capitalismo atual superexploraram a Terra. Com seus bens e serviços naturais, a Terra garante a base da vida de todos os seres e de qualquer projeto humano. Mas hoje tocamos nos seus limites intransponíveis.

O trabalho por causa da revolução tecnológica, da informatização e da robotização está sendo precarizado e os trabalhadores, dispensados.

Esta situação exigirá um outro tipo de civilização, onde o trabalho ganhará nova função. O desafio é: como passar do pleno emprego para a plena atividade? O trabalho recuperará sua verdadeira essência, que é a atividade pela qual o ser humano mostra sua criatividade, plasma o seu mundo, ganha o seu pão e realiza as potencialidades que estão dentro dele. Até hoje o trabalho virou mercadoria a ser paga pelo salário, geralmente, insuficiente para a grande maioria.

Nessa nova civilização nascente, o ser humano terá libertado o trabalho de sua servidão ao capital; terá aprendido a não estar mais *sobre* as coisas, dominando-as, mas *junto e ao pé* das coisas, convivendo com elas, como o mostrou São Francisco de Assis. Então não as exploraremos, mas conviveremos como irmãos e irmãos, juntos, na mesma Casa Comum. E todos caminharemos juntos em harmonia e paz.

7. O paradigma da conquista e o do cuidado

Quando falamos de paradigma, pensamos numa constelação de visões de mundo, de formas de organização social, de valores de uma cultura, de ideias comumente aceitas e dos sonhos e utopias que fazem caminhar e manter sempre em mobilidade a vida na sociedade.

Hoje se enfrentam dois paradigmas fundamentais: o paradigma da conquista e o paradigma do cuidado.

O paradigma da conquista é o mais antigo. O ser humano não possui nenhum órgão especializado. Por isso deve conquistar tudo aquilo que lhe garante uma vida segura. E o fez de muitas formas. Inicialmente com a revolução agrícola, cultivando sementes e domesticando animais. Nos últimos dois séculos utilizou a tecnociência, que lhe permitiu penetrar nos segredos da natureza, até no mais íntimo dos átomos, dos elementos subatômicos e dos genes. Assim garantiu uma superabundância de meios de vida e até o acúmulo de bens materiais, para além do necessário e quase sempre mal distribuídos.

Alexandre Magno, Hernán Cortés e Napoleão Bonaparte são exemplos típicos dos conquistadores que não conheciam nem aceitavam limites. Avançavam sobre tudo o que seus passos alcançavam.

Depois de milênios, o paradigma da conquista entrou, em nossos dias, em grave crise. Já conquistamos 83% da Terra e nesse afã a devastamos de tal forma que ela ultrapassou em 30% sua capacidade de suporte e regeneração. Ela precisa de um ano e meio para repor o que lhe tiramos para nosso benefício, geralmente, em proveito de alguns poucos.

Precisamos conquistar aquilo que nunca havíamos pensado antes: a autolimitação, a justa medida, a austeridade solidária, a sobriedade compartida e o cuidado por tudo o que existe e vive. A sobrevivência depende destas novas atitudes.

Para fazer frente ao paradigma da *conquista*, faz-se urgente o paradigma do *cuidado*. Cuidado é uma relação não agressiva mas amorosa para com a natureza. Cura as feridas passadas e impede as futuras. Aprendemos que tudo o que vive precisa ser cuidado, caso contrário, definha e morre. O que cuidamos, dura muito mais.

Todos somos filhos e filhas do cuidado. Se nossas mães não nos tivessem cuidado com carinho, não saberíamos como deixar o berço e buscar nosso alimento. Em pouco tempo morreríamos. O mesmo vale para todos os seres vivos.

Hoje precisamos cuidar da Mãe Terra e de todo o sistema de vida, pois a capacidade de destruição humana é quase ilimitada. Fizemo-nos o satã da Terra, quando deveríamos ser seu anjo bom. Por isso se diz que inauguramos uma nova era geológica: o antropoceno. Quer dizer: o ser humano é a maior ameaça à vida por sua capacidade de agressão e de destruição.

A ética do cuidado deve ser introduzida em todos os âmbitos da vida: na família, na escola, nas comunidades, nas relações sociais, nas políticas públicas e nas relações para com a natureza.

Tudo o que cuidamos amamos. Tudo o que amamos cuidamos.

Exemplos de cuidado foram São Francisco de Assis, Chico Mendes, Gandhi, a Madre e Santa Teresa de Calcutá, a Irmã Dulce, dona Zilda Arns, que cuidava das crianças abandonadas, e Dom Helder, o pastor dos pobres e dos oprimidos.

São arquétipos que inspiram a cura e a salvaguarda de toda vida, da saúde e da intensidade de nossa vida espiritual.

8. Um estilo de vida sustentável

O estilo de vida ecologicamente sustentável se baseia em relações de relacionamento e de cooperação entre todos, pois esta é a lei mais universal que rege o próprio universo. Um ser coopera e se relaciona com o outro para ambos subsistirem. Por que seria diferente entre os seres humanos? Somos demasiados egoístas, sem ver os outros ao nosso lado.

O estilo de vida ecológico supõe um uso racional e respeitoso de tudo o que precisamos e a disposição de viver os três erres (r) sugeridos pela Carta da Terra: *reduzir, reusar e reciclar*. Nós acrescentaríamos ainda outros erres: *reflorestar* o mais que podemos, *rejeitar* a propaganda enganosa e *respeitar* todos os seres.

Assim faz a natureza que tudo aproveita e nada descarta. O lema maior é viver a simplicidade voluntária, a frugalidade assumida e a sobriedade compartida.

O encantamento pela natureza e pela imensidão do céu estrelado nos abre para a nossa missão específica na Terra e no universo: de sermos os sacerdotes da celebração e da ação de graças pela grandeza, majestade, racionalidade e beleza do cosmos e de tudo o que ele contém.

Tudo pode se transformar em material de contemplação e de oração diante do Criador. Pois tudo é um grande sacramento de sua presença inefável e bondosa. Essa atitude humano-espiritual pertence a uma vida humana sustentável, base para uma felicidade possível no curto espaço de tempo em que vivemos neste pequeno planeta.

VI
A espiritualidade

1. O que é ser espiritual?

Hoje há grande busca por espiritualidade. Quer dizer, estamos cansados de raciocínios, pensamentos e teorias. Mais cansados ainda estamos de consumo de bens materiais e de estímulos que nos ocupam totalmente a mente. Queremos sentir o outro lado das coisas, porque tudo tem o seu outro lado.

O outro lado é o mundo espiritual. Para entendê-lo bem consideremos outros dois mundos que habitamos. Temos o nosso *corpo*, com o qual estamos presentes uns aos outros e entramos em contato com todas as energias da Terra e do universo. Cuidamos do corpo até em excesso por exercícios e pelas academias de ginástica. Buscamos um corpo saudável e belo.

Temos o mundo da psique. É o nosso mundo interior, de nossos sentimentos, contraditórios, de amor e de ódio, de sombras e de luzes. Os psicólogos nos ajudam a encontrar um equilíbrio para não sermos dilacerados interiormente e ficarmos psiquicamente doentes e neuróticos.

Mas temos também o mundo do espírito. É o mundo do profundo em nós, aquela dimensão que nos permite sentir que somos parte de um Todo maior e que nos concede perceber que por detrás de todas as coisas e do inteiro universo há uma Presença, uma Energia poderosa e amorosa que tudo sustenta e confere sentido a cada gesto.

As religiões e os caminhos espirituais lhe deram muitos nomes: Tao, Alá, Shiva, Javé, Olorum ou simplesmente Deus.

Desse profundo irrompem as grandes perguntas: de onde venho? Para onde vou? Qual o sentido de minha passagem por esta Terra? Quem se esconde atrás das estrelas e as sustenta? O que posso esperar depois desta vida?

Estas questões nos acompanham ao largo de toda vida. Esse mundo do espírito é feito de amor, de solidariedade, de compaixão, de convivência pacífica com os outros, de beleza e de êxtase diante da grandeza do universo.

Se cultivássemos esses valores da vida do espírito, não haveria inimizades, discriminações nem guerras entre os povos.

A espiritualidade não é monopólio das religiões. Elas nasceram de uma espiritualidade e podem reforçar a espiritualidade. Mas não necessariamente.

A espiritualidade é uma dimensão de cada ser humano, mesmo de quem não possui nenhuma expressão religiosa, mas busca viver no amor, na solidariedade e na compaixão, especialmente para com aqueles que mais sofrem.

Este é um ser espiritual. Quanto mais espiritual, mais irradia bondade e todos se sentirão bem estando junto dele.

2. O ponto Deus no cérebro: a inteligência espiritual

Deus é tão presente em nossas vidas que ele penetra todo o nosso ser, mesmo que não o vejamos com os olhos carnais. Mas temos um órgão interior que é a nossa vantagem evolutiva, típica dos seres humanos: o assim chamado *ponto Deus no cérebro*. É um órgão que nos permite captar Deus misturado em todas as coisas. Ele funda um outro tipo de inteligência, chamada de inteligência espiritual.

Conhecemos a *inteligência intelectual*, pela qual percebemos a ordem das coisas, damos-lhes nomes e organizamos a arquitetônica de todos os nossos saberes. Ela está ligada ao cérebro neocórtex, que irrompeu em nós há uns 7 milhões de anos.

Temos outrossim a *inteligência cordial* ou sensível, a mais ancestral em nós, pois surgiu quando apareceu o cérebro límbico, na época em que surgiram os mamíferos no processo da evolução, há 220 milhões de anos. Estes dão à luz sua cria, cercam-no de amor, de carinho e de cuidado.

Nós humanos somos mamíferos racionais, marcados pelo coração e por tudo o que a ele pertence. Neste reside o amor, o cuidado, os valores, a ética e também a espiritualidade.

Hoje a inteligência intelectual se exacerbou. Por isso precisamos equilibrá-la com a inteligência cordial. Mais que a inteligência intelectual, é a inteligência cordial que nos leva a cuidar e a amar a Mãe Terra e a respeitar todos os seres em seu valor intrínseco.

Por fim, somos dotados de *inteligência espiritual*, base biológica da espiritualidade. Sempre que o ser humano se refere emocionalmente ao Sagrado, a Deus, ao Sentido último das coisas e à percepção da Totalidade, verifica-se no lobo frontal do cérebro uma significativa aceleração dos neurônios.

Os cientistas chamaram esse fenômeno de o "ponto Deus no cérebro". Não é que Deus esteja apenas nesse lugar do cérebro, mas é o lugar a partir de onde o ser humano capta a presença misteriosa de Deus, ativo em sua criação e presente em nós na forma de entusiasmo e de vivência de valor e de sentido.

Como temos órgãos externos pelos quais percebemos a realidade: os olhos para ver, os ouvidos para ouvir e a pele para sentir, assim temos um órgão interno mediante o qual nos damos conta da presença real e misteriosa de Deus, qual Energia Originária que sustenta e penetra todos os seres e nos mantém na existência. É a presença inefável de Deus, misturado com as coisas. Nós podemos sentir sua presença, dialogar e entrar em comunhão com ele e, reverentes, louvá-lo e amá-lo.

Ó glória de termos um Deus tão próximo, penetrando todas as coisas e habitando dentro de nós!

3. Como experimentar Deus

A humanidade sempre se perguntou pela Última Realidade. Dava-se conta de que não podia saciar sua sede infinita sem encontrar um Infinito. Nem conseguiria explicar a grandeza do universo e a nossa própria existência sem apelar para uma Energia Originária, sábia e amorosa, aquilo que se convencionou chamar de Deus, embora tenha mil outros nomes conforme as diferentes culturas.

Mas todos afirmam: ninguém jamais viu Deus (1Jo 4,12). Entretanto, se prestarmos atenção, ele se anuncia de muitos modos e incessantemente. Basta prestarmos atenção e abrirmo-nos à sensibilidade do coração.

Impressiona o testemunho de um indígena norte-americano Cherokee que buscava desesperadamente por Deus, mas que não prestava atenção à sua presença em tantos sinais. Ele conta:

> Um homem sussurrou: "Deus, fale comigo!". E um rouxinol começou a trinar. Mas o homem não prestou atenção. Voltou a pedir: "Deus, fale comigo!". E um trovão reboou pelo espaço. Mas o homem não deu importância. Pediu novamente: "Deus, deixe-me vê-lo!". E uma enorme lua brilhou no céu profundo. Mas o homem nem reparou. E, nervoso, começou a gritar: "Deus, mostre-me um milagre!". E eis que uma criança nasceu. Mas o homem não se debruçou sobre ela para admirar o milagre da vida. Desesperado, voltou a gritar: "Deus, se você existe, me toque e me deixe sentir a sua presença, aqui e agora!". E uma borboleta pousou, suavemente, em seu ombro. Mas ele, irritado, a afastou com a mão.

Desiludido e entre lágrimas, continuou seu caminho. Vagueando sem rumo. Sem nada mais pedir. Só e cheio de medo. Porque não soube ler os sinais da presença de Deus.

A consequência dessa desatenção produziu desespero, solidão e a perda de enraizamento. O oposto à crença em Deus não é o ateísmo, mas sim o medo e a sensação de solidão e de desamparo existencial. Com Deus o medo desaparece, tudo se transfigura e se enche de sentido.

Para termos uma verdadeira experiência de Deus precisamos ir além da razão racional que compreende os fenômenos pela rama, os calcula, os manipula e os insere no jogo dos saberes da objetividade científica e também dos interesses humanos. Esse espírito de cálculo *pensa* sobre Deus.

Precisamos de outro espírito que *sente* Deus: o espírito de finura e de cordialidade, de encantamento e de veneração. É a razão cordial ou sensível. Ela *sente* Deus a partir do coração. Deus é mais para ser sentido a partir da inteligência cordial do que para ser pensado a partir da razão intelectual. Então nos damos conta de que estamos ante um Mistério. Ele não é o limite da razão, mas o ilimitado da razão. Esse Mistério se revela e se esconde em cada coisa e também em nós. Ele não é aterrador, mas carregado de enternecimento e de amorosidade.

A experiência que fazemos, ao abrirmo-nos a este Mistério, é que estamos mergulhados nele. E nunca estávamos sós. Ele se mostra como uma Presença inefável, misteriosa e amorosa que nos acompanha.

Não será por isso que nunca acabamos de perguntar por Deus, século após século? Não será por isso que sempre arde o nosso coração quando nos entretemos, verdadeiramente, com ele? Não seria o advento dele, do sem Nome, do Mistério que nos habita?

Estamos seguros que é ele quando não sentimos mais medo, porque estamos na palma de sua mão. Então somos discretamente visitados pela felicidade. Sem saber e sem querer, irradiamos vida e bondade.

É Deus em nós, o Deus interior, mais interior que a nossa própria interioridade. E também é o Deus superior, para além de qualquer superioridade, o Deus que enche o universo e que o sustenta.

4. Meditação da luz: a via da simplicidade

São muitos hoje que sentem necessidade de meditar. Há muitos métodos, do Oriente e do Ocidente. É conhecido um que vem dos primeiros cristãos do norte do Egito: a meditação da Luz, um caminho de simplicidade.

A visão é a seguinte: do fundo mais profundo do universo, sempre perpassado pela luz que percorre 300 mil/km por segundo, nos vem uma Luz misteriosa. Ela incide sobre a nossa cabeça, exatamente onde temos o corpo caloso, aquela parte que separa o cérebro esquerdo do direito. Essa separação é a fonte de nossas dualidades: por um lado o sentimento e por outro o pensamento, por um lado a capacidade de análise e por outro nossa capacidade de síntese, por um lado o mundo dos interesses e por outro o mundo do sentido.

A Luz beatíssima do Alto, ao tocar o corpo caloso, suspende a separação dos cérebros e opera a união, uma experiência de não dualidade. Mas só acontece se nos concentrarmos e abrirmo-nos totalmente à Luz do Alto. Siga este percurso tomando alguns minutos, não mais:

> Acolha a Luz misteriosa que atravessa todo o universo e chega até ti! Faça-a correr por todo o teu corpo, pela cabeça, pelos olhos, pelos pulmões, pelo coração, pelos intestinos, por teus órgãos genitais. Faça-a descer pelas pernas, detenha-a nos joelhos, e, por um momento, fixe-a nos pés, pois são eles que te sustentam.

E suba com ela, passando por todo o corpo, dirija-a novamente ao coração para que de lá te venham os bons sentimentos de amor e de compaixão. Faça-a ascender até ao meio da testa, àquilo que chamamos de o terceiro olho. Ela lhe trará intuições e pensamentos luminosos. Por fim, deixe-a repousar no alto da cabeça.

De lá ela encherá de luz todo teu corpo. Ela abrir-se-á a todo o universo, conferindo-te a sensação de seres um com o Todo. Superar-se-ão as dualidades e farás a experiência bem-aventurada da unidade originária de tudo o que existe e vive. E conhecerás uma paz que é a integração das partes no Todo e do Todo nas partes. E de ti sairá uma luz como aquela do primeiro momento da criação. Conhecerás, mesmo que seja por um momento, o que é ser feliz em plenitude.

Por fim, agradeça a presença transformadora da Luz do Alto. Deixe-a sair para o seio do Mistério de onde veio. Sempre que acolheres a Luz beatíssima, irradiarás bondade e benquerença. E todos se sentirão bem junto de ti. Abra-te inteiramente à Luz até tu mesmo virares plena luz.

5. O que finalmente quis Jesus?

São muitos, mesmo entre os cristãos, que sentem o Cristianismo como uma realidade complexa, com muitas doutrinas, dogmas e normas. Ele não causa leveza na vida, mas gravidade e, em alguns, medo do fogo do inferno.

Não disse Jesus que veio trazer uma boa-nova para todo o povo? Evangelho não significa boa notícia?

Se alguém, um japonês, seguidor da sabedoria do Tao, nos parasse na rua e nos perguntasse de supetão: "Meu amigo, me diga em duas palavras o que é o Cristianismo", que diríamos? Entregar-lhe-íamos o novo *Catecismo da Igreja Católica*, volumoso, com centenas de páginas? Ele, respeitosamente, como o faria qualquer japonês, o receberia gentilmente. Mas seguramente nunca iria abri-lo. Seria simplesmente grande e complexo demais.

Por isso devemos ir às origens e perguntarmo-nos singelamente: "Que quis Jesus, finalmente, quando passou pouco mais de trinta anos entre nós?". Deve haver uma fórmula curta, um *design* ou um *logo* mínimo que resuma sua intenção originária.

Antes de responder, importa dizer que ele não veio fundar uma nova religião. Havia muitas na época. Ele veio, isto sim, *ensinar-nos a viver* no amor, na solidariedade, na compaixão e na abertura filial ao Pai de infinita bondade. Em outras palavras: ele quis um homem novo e uma mulher nova que vivessem os valores do Reino, sua mensagem central, que são aqueles apontados acima.

Retomando a pergunta: que quis ele afinal? Poderíamos responder ao interlocutor japonês da seguinte maneira: *Pai nosso e pão nosso*. Estas duas palavras resumem a intenção básica de Jesus. Foram ditas em forma de oração, que os cristãos rezam a todo momento: a oração do Pai-Nosso.

Nesta oração, se bem observarmos, tudo o que é importante para as Igrejas, não o era para Jesus. No Pai-Nosso, não se fala de Jesus, nem da Igreja, nem do Batismo nem da Eucaristia, realidades fundamentais para todas as Igrejas. Para ele o essencial estava em outra coisa.

Primeiro está no *Pai nosso*. Vejam, ele não diz *meu* Pai. Mas Pai *nosso*. É o Pai de infinita bondade para todos os seres humanos. O Pai representa o voo do espírito para cima, para o céu.

Em segundo lugar diz: pão *nosso*. Não diz pão *meu*. Mas pão *nosso*, que, juntos, produzimos e juntos repartimos. O pão representa o enraizamento do ser humano na realidade concreta na qual tem que lutar para viver e conviver.

Pai nosso e pão nosso: eis a essência simples e concreta da mensagem originária do Jesus histórico, mensagem que combina o céu (Pai nosso) com a terra (pão nosso).

Pai e pão saciam as duas fomes que caracterizam o ser humano: fome de transcendência e de Deus e fome de imanência e de pão.

Elevar-se até Deus e dizer-lhe "Pai querido" (*Abbá*) na linguagem de Jesus é a suprema grandeza do ser humano. Afirmar o pão nosso que, repartido, nos garante a vida, é a suprema dignidade do ser humano.

Só se coloca na herança de Jesus quem une Pai nosso com pão nosso. Só esse pode dizer no final um grande "amém".

Essa mensagem é compreensível a todos, pois todos são devorados pelas duas fomes: *fome de Deus*, de um Sentido último da vida e do mundo, e *fome de pão*, sem o qual a vida sobre a Terra seria impossível.

Todos experimentam estas duas fomes. Todos querem saciá-las. Por isso essa mensagem de Jesus, em forma de oração, é simples, compreensível e verdadeira.

6. O sentido secreto do Natal

Sábios são os judeus que proíbem representar Deus. Ele está acima de qualquer representação. Ele é Mistério insondável e amoroso, para além de qualquer imagem. Mas como somos humanos com fantasia e criação, sempre nos fazemos uma projeção de Deus, embora aquém de qualquer comparação.

Uns o apresentam como um ancião de barbas longas, outros como juiz severo e com olhos penetrantes e estoutros como um pai bondoso que abraça o filho pródigo e recolhe em seus braços a ovelha tresmalhada.

Poucos o imaginam como uma criança. Sim, o Natal nos sugere esta imagem: Deus, na figura da criancinha que nasce na gruta de Belém. É uma grande alegria podermos sonhar que seremos acolhidos e julgados por uma criança. Uma criança não julga ninguém. Quer apenas brincar e estar junto a outras crianças. É o *Puer aeternus* das tradições religiosas.

Um texto antigo da Igreja dos primórdios nos encanta: "Ó criatura humana, por que tens medo de Deus? Não vês que sua mãe enfaixou seu corpinho frágil? Esta criança não ameaça ninguém. Nem condena ninguém. Não escutas seu chorinho doce? Mais que ajudar, ela precisa ser ajudada e carregada no colo".

O grande poeta português Fernando Pessoa nos afirma encantadoramente: "Ele é a eterna criança, o Deus que faltava. Ele é o humano que é natural. Ele é o divino que sorri e que brinca. É a criança tão humana que é divina".

O sentido secreto do Natal, no fundo, é este: o Filho de Deus veio para ficar conosco para sempre e nos fazer filhos e filhas de Deus, seus irmãos e irmãs. E quando morremos, ele nos vem buscar e nos levar para a Casa divina, à qual pertencemos desde toda a eternidade.

E então cantaremos e celebraremos, celebraremos e louvaremos seu amor paterno e materno pela eternidade sem fim.

7. A espiritualidade cósmica de São Francisco de Assis

Somos parte da natureza e, com racionalidade e sentido de medida, tiramos dela o que precisamos. Por isso não nos cabe relacionar com ela como se estivéssemos de fora ou acima dela, como quem se faz seu dono e a domina. Mais que tudo, devemos nos sentir junto dela como irmãos e irmãs, nos extasiando com sua beleza, nos comovendo com as chagas que lhe infligimos por causa de nossa voracidade de enriquecimento e cuidando dela para que continue para nós e para as futuras gerações.

O Papa Francisco, em sua encíclica *Laudato Si': sobre o cuidado de nossa Casa Comum*, nos diz que São Francisco "é o exemplo por excelência do cuidado pelo que é frágil e por uma ecologia integral, vivida com alegria e autenticidade" (n. 10). Diz mais, que "para ele qualquer criatura era uma irmã unida a ele por laços de carinho, pois sentia-se chamado a cuidar de tudo o que existe" (n. 11). Ele inaugurou uma espiritualidade cósmica, pois canta o Sol como senhor e irmão, a irmã e Mãe Terra, as flores dos campos, as aves, as ervas silvestres e até a própria morte, tida como irmã.

Esta atitude de reverência e de enternecimento levava-o a recolher as minhocas dos caminhos para não serem pisadas. No inverno dava mel às abelhas para que não morressem de escassez e de frio. Pedia aos irmãos que não cortassem as árvores pela raiz, na esperança de que pudessem se regenerar. Até as ervas silvestres deveriam ter seu lugar reservado nos hortos, para que pudessem sobreviver, pois "elas também anunciam o formosíssimo Pai de todos os seres".

Só pode viver esta intimidade com todas as coisas quem escutou sua ressonância simbólica dentro da alma, unindo a ecologia ambiental com a ecologia profunda; jamais se colocou *acima das coisas*, mas *ao pé delas*, verdadeiramente como quem convive como irmão e irmã, descobrindo os laços de parentesco que o une a todos.

Essa atitude se faz necessária hoje, se quisermos realmente salvar a vida ameaçada e garantir a vitalidade da Terra, nossa grande Mãe. Porque São Francisco viveu radicalmente esta dimensão ecológica, foi feito patrono da ecologia. É um santo que o mundo inteiro admira e que nós nos sentimos orgulhosos pelo fato de Deus tê-lo feito o irmão universal, com um "coração universal", como comenta o Papa Francisco em sua encíclica sobre a ecologia integral (n. 10).

Por esta razão é chamado por Dante, na sua *Divina Comédia*, "o sol de Assis". Outros dizem que é o primeiro depois do Único que é Cristo, aquele que realizou em sua vida o sonho de Jesus de total reconciliação com todas as coisas e com Deus.

Ele nos devolveu a saudade do paraíso terrenal e a convicção de que nem tudo está totalmente perdido.

VII
O coração

1. Os direitos do coração

Atualmente se constata fecunda discussão cultural sobre a necessidade do resgate da razão cordial, como contraponto à excessiva racionalização da sociedade e como enriquecimento da razão instrumental-analítica. Esta, deixada em livre curso, pode prejudicar a correta relação para com a natureza, que é de pertença e de respeito a seus ciclos e ritmos. Elenquemos aqui alguns direitos da dimensão do coração.

1. Proteja o coração, que é o centro biológico do corpo humano. Com suas pulsações, irriga com sangue todo o organismo, fazendo que viva. Não o sobrecarregue com demasiados alimentos gordurosos e bebidas alcoólicas.

2. Cuide do coração. Ele é o nosso centro psíquico. Dele sai, como advertiu Jesus, todas as coisas boas e ruins. Comporte-se de tal maneira que ele se mantenha sempre cordial e bondoso. Assim terá uma vida serena e saudável.

3. Vele por seu coração. Ele representa a nossa dimensão do profundo. Nele se manifesta a consciência que sempre nos acompanha, aconselha, adverte e também nos acusa. No coração brilha a centelha sagrada que produz em nós entusiasmo. Esse entusiasmo significa ter um "Deus dentro" que nos aquece e ilumina. O sentimento profundo do coração nos convence de que o absurdo nunca terá a última palavra no livro da vida.

4. Cultive a sensibilidade, própria do coração. Não permita que ele seja dominado pela razão meramente funcional. Mas componha-se com ela. É pela sensibilidade que sentimos o pulsar do coração do outro. Por ela intuímos que também as montanhas, as florestas, os animais, o céu estrelado e o próprio Deus têm um coração pulsante. Por fim damo-nos conta de que há um só imenso coração que bate em todo o universo.

5. Ame seu coração. Ele é a sede do amor. É o amor que produz a alegria do encontro entre as pessoas que se querem e que permite a fusão de corpos e mentes numa

só e misteriosa realidade. É o amor que produz os milagres da vida pela união amorosa dos sentimentos e dos sexos e ainda a doação desinteressada, o cuidado aos desvalidos, as relações sociais inclusivas, as artes, a música e o êxtase místico que faz a pessoa amada fundir-se no Amado.

6. Tenha um coração compadecido que saiba sair de si e se colocar no lugar do outro, para com ele sofrer e carregar a cruz da vida e também juntos compartilharem a alegria.

7. Abra o coração para a carícia essencial. Ela é suave como uma pena que vem do infinito e nos dá a percepção, pelo toque, de sermos irmãos e irmãs e de pertencermos à mesma família humana, habitando na mesma Casa Comum, a nossa Mãe Terra.

8. Disponha o coração para o cuidado que faz o outro importante para você. Ele cura as feridas passadas e impede as futuras. Quem ama cuida e quem cuida ama.

9. Amolde o coração para a ternura. É a ternura que garante e perpetua o amor.

10. Purifique, dia a dia, o coração, para que as sombras, o ressentimento e o espírito de vingança, que também se aninham no coração, nunca se sobreponham à benquerença, à finura e ao amor. Então ele pulsará no

ritmo do universo e encontrará repouso no coração de Deus, aquela Fonte Originária de onde tudo procede e para onde caminhamos incessantemente.

2. Como cuidar do coração

Todas as coisas preciosas, especialmente as vivas, precisam ser cuidadas. Caso contrário, o tempo as corrói, elas perdem sua beleza e ofuscam sua irradiação.

Assim acontece com a vida do coração. Sem seu pulsar constante, a vida não vigora, perdemos força e, no limite, podemos morrer. Daí a importância de cuidarmos de nosso coração nos vários sentidos que lhe dermos, desde o biológico, do psíquico e até do espiritual.

Eis algumas singelas recomendações:

1. Em tudo o que pensar e fizer, coloque coração. A fala sem coração soa fria e institucional. Palavras ditas com coração atingem o profundo das pessoas. Estabelece-se então uma sintonia fina com os interlocutores ou ouvintes que facilita a compreensão e a adesão.

2. Procure, junto com o raciocínio articulado, colocar emoção. Não a force, porque ela deve espontaneamente irromper do coração e revelar a profunda convicção naquilo que você crê e diz. Só assim toca o coração do outro e se faz convincente.

3. A inteligência intelectual fria, com a pretensão de tudo compreender e resolver, gera uma percepção racionalista e reducionista da realidade. Mas também o excesso da razão cordial e sensível pode decair para o sentimentalismo adocicado e para fórmulas populistas que iludem as pessoas e acabam por afastá-las. Importa sempre buscar a justa medida entre a mente e o coração, mas articulando os dois polos a partir do coração.

4. Quando tiver que falar a um auditório ou a um grupo, procure entrar em sintonia com a atmosfera aí criada. Ao falar, não fale só a partir da cabeça, mas dê primazia ao coração. É ele que sente, vibra e faz vibrar. Só são eficazes as razões da inteligência intelectual quando elas vêm amalgamadas pela sensibilidade do coração.

5. Crer não é pensar Deus. Crer é sentir Deus a partir do coração. Então nos damos conta de que sempre estamos na palma de sua mão e que uma Energia amorosa e poderosa nos ilumina, aquece e preside os caminhos da vida da Terra, rumo ao seio do Deus que é Pai e Mãe de infinita bondade e ternura.

3. Ame o outro mais que a si mesmo

Há poucas realidades mais desejadas e decantadas que o amor. Não há felicidade fora do amor, sem a experiência de amar e de ser amado.

O amor é tão essencial que ele é o nome próprio de Deus. Dizem as Escrituras: "Deus é amor" (1Jo 4,8). E "o amor não morrerá jamais" (1Cor 13,8).

O amor é a força maior existente no universo, nos seres vivos e entre nós humanos. Porque o amor é uma força de atração, de união e de transformação. Estudiosos do fenômeno da vida nos mostraram a base biológica do amor.

Na natureza, afirmam, se verificam dois tipos de conexões dos seres com o meio e entre si: uma *necessária*, ligada à própria subsistência, e outra *espontânea*, vinculada a relações gratuitas, por afinidades eletivas e por puro prazer.

Quando esta última ocorre, mesmo em estágios primitivos da evolução há bilhões de anos, quando, por exemplo, dois *top quarks* (a mínima parte da matéria) se relacionaram espontaneamente, aí surgiu a primeira manifestação do amor como fenômeno cósmico. À medida que foi se expandindo e se complexificando, o universo permitiu a emergência de mais e mais conexões espontâneas. Até que no nível humano ganhou força e consciência a ponto de se tornar o móvel principal das ações humanas.

O amor se orienta sempre pelo outro. Significa uma aventura abraâmica, a de deixar a sua própria realidade e ir ao encontro do diferente e estabelecer com ele uma relação de aliança, de amizade e de amor.

Todas as religiões e caminhos espirituais conferem centralidade ao amor. O Cristianismo igualmente dá tanta importância ao amor que, para Jesus, o amor ao próximo é idêntico ao amor a Deus. O amor é tão central que, quem tem o amor, tem tudo.

O amor se expressa pela lei áurea, presente em todas as tradições da humanidade: "ame o próximo como a si mesmo"; ou: "não faça ao outro o que não quer que façam a você".

Mas o Cristianismo, pensando no amor extremo de Jesus, que nos amou quando ainda éramos seus inimigos e que entregou sua vida por puro amor, e no exemplo de São Francisco, acrescentou uma novidade: "Ame o outro mais que a si mesmo".

São Francisco foi quem no Ocidente, semelhantemente ao poeta Rumi entre os muçulmanos no Oriente Médio, levou mais longe a experiência do amor. Ele deixou-se despojar de tudo, fez-se pequenino, colocou-se, com grande humildade, no meio das criaturas. O pobrezinho Francisco tornou-se o irmão do Sol, das estrelas, do vento, das nuvens, da água, do fogo e de tudo o que vive, e até da morte. Fez-se o irmão universal.

Em sua oração pela paz expressa esse *mais*: "que eu procure *mais* consolar que ser consolado, *mais* compreender que ser compreendido e *mais* amar do que ser amado".

Amar o outro é querer que ele exista, porque o amor torna o outro importante. "Amar uma pessoa é dizer-lhe: você não pode morrer jamais"; "você deve existir, você não pode ir embora".

Quando alguém ama de verdade, rejuvenesce e tem a sensação de começar a vida de novo. O amor é a fonte de suprema alegria e de realização plena. Só o amor faz dos distantes próximos e dos próximos, irmãos e irmãs.

O amor move o céu, todas as estrelas e nossos corações. O amor vem de Deus, o amor é Deus.

Impresso na gráfica da
Pia Sociedade Filhas de São Paulo
Via Raposo Tavares, km 19,145
05577-300 - São Paulo, SP - Brasil - 2017